은퇴한 후에도
여전히
우린
바쁘다 →

은퇴한 후에도
여전히 우린 바쁘다

저 자 | 안강현 박태호 김용욱 채영제 김창배 박종훈 유휘랑
그 림 | 박서연 최재희
펴낸곳 | 서연출판
발 행 | 2021년 2월 23일
출판사등록 | 2018년 10월 15일
주 소 | 대전광역시 유성대로 773 (장대동) 금수빌딩 2층
전 화 | 010.8372.6037 / 010.4003.6037
이메일 | lew0217@hanmail.net
ISBN | 979-11-968917-5-6

저자와 출판사의 허락없이 내용의 일부를 인용하거나 발췌하는 것을 금합니다.
가격은 뒤표지에 있습니다. 잘못 만들어진 책은 구입처에서 바꾸어 드립니다.

은퇴한 후에도
여전히
우린
바쁘다 ⟶

목차

프롤로그   8

새로운 미래,
새로운 시작

안강현

왜 뒤에서 쫓아가, 앞에서 기다려야지	13
EBS는 왜 그만두었어?	16
리커런트 교육에 대하여	23
나의 여섯 번째 직업	26
달리는 사람 안강현	30
앞으로 우리 재미있게 살아가요	35
서봉마을에서 만나요	39

노년의 행복은
다양한 취미생활에서

박태호

노년은 혼자서도 고물고물 잘 놀아야한다.	41
돈과 취미	43
끊을 수 없는 취미, 독서	46
오카리나, 맑고 청아한 매력에 빠지다.	49
색소폰의 독특한 매력	51
기타(guitar)와 일본어	54
가수(歌手)의 꿈, 아직도 유효하다.	58
운동이 마냥 좋은 것은 아니지만 그래도 해야 한다.	61
등산, 정상에 오르는 짜릿한 매력	63
아라뱃길 종주, 자전거 라이딩을 다녀오다.	69
드라마 같은 야구, 믿을 수 없는 야구	71
댄스 그리고 콜라텍 예찬	73
테니스와의 인연 그리고 매력	76
골프와 함께한 30년 세월	80
행복을 가져다주는 주말농장	84

삶의 '숨터' 전통시장 이야기

김용욱

전통시장과의 인연	87
전통시장은 어떤 모습인가?	90
고척근린시장 사람들	94
전통저잣거리	98
삶의 '숨터' 역할	103
'숨터' 살리기 작전	107
전통시장의 미래와 존재 의미	112

나도 자연인이고 싶다

채영제

자유로운 영혼	119
쌀 100가마 친목계	123
화향백리 주향천리 인향만리	127
사회적경제를 꿈꾸다	131
인생은 여행의 연속	136
독서는 나의 즐거움	140
내가 사는 집 지어보기	144
향기촌에 살다	148
나도 자연인이고 싶다	151

발달 장애를 가진 소년의 미소

김창배

만남	155
기다림	156
어머니	158
종한	170
마을	177
두드림	
집 밖으로	180
마을 안으로	184
누림	
가을	188
햄버거와 아이스크림	191
갈망	195

마라톤 타자기로 시작된 공직생활

박종훈

타자수, 정보 전문가가 되다	201
답답할 뿐입니다	206
계장님 감사합니다	208
우리 아빠 집에 안와요!!	210
두번째 새마을운동	212
다급히 걸려온 전화 한 통	215
희미해진 청사진 서류	219
새만금에도 스타벅스가?	222
4대강에 새 옷을 입히다	226
핑계를 찾을 것인가? 방법을 찾을 것인가?	229
갑자기 찾아온 은퇴	234

명리 에세이
음양오행은 일상이다

유기훈

'밝은 이치'를 공부하는 학문 明理 238	나는 나다울 때 가장 행복할 수 있다 255
음양에 대한 생각 240	누구나 어떤 순간 불안을 느낀다 258
음양 242	잡초가 아니다 259
음양오행 243	잘못 알고 있는 것도 오타다 260
뜨거움의 온도 244	궁합 261
만물은 음양과 오행을 품고 있다 245	오행은 일상이다 262
걷다 보면 뛰게 된다 246	오곡과 오행 263
'자존감'이 바탕이 되지 않은 '자존심' 248	재미로 보는 오행과 비자금 264
명리는 과학이다 249	재미로 보는 오행과 약속 266
'운명'을 공부하는 학문 250	
점학 vs 명학 252	
태어나면서 갖게 되는 것 254	

프롤로그

여기 은퇴 이후에도 꿈을 꾸며 살아가는 사람들의 이야기가 펼쳐집니다. 일하는 곳과 전공은 다르지만 같이 공부하고 같이 놀아보자는 마음으로 모였습니다. 그동안 국내외로 장소를 바꾸어 만남이 이어졌고 이제 한 가족처럼 가까운 사이가 되었네요.

"서로 장사 지내 줄 때까지 같이 합시다."

몇 년 전 회원 부친상에 조문을 갔지요. 문상을 마치고 추도주 한 잔씩 하다가 누군가가 말을 꺼냈습니다. 느닷없는 제안이었지만 일제히 공감했었지요. 그때부터 그 제안은 우리 모임의 불문 회칙으로 자리 잡았습니다. 몇 달 동안 심혈을 기울여 온 공동저서의 마지막 교정을 보면서 다시 그 말이 떠올랐습니다.

우리는 특성화고 컨설팅 프로젝트 연구진으로 처음 만났습니다. 아이디어를 모으기 위해 여러 밤낮을 토론하며 머리를 짜내고는 했지요. 생면부지의 사람들이 모였지만 우린 점점 친해졌습니다. 친해지니 프로젝트는 점점 완성도가 높아졌고요. 프로젝트가 거듭되면서 우리는 점점 공부의 필요성을 강하게 느끼게 되었습니다. 누가 먼저랄 것 없이 공부를 같이하자는 데 뜻을 모았습니다. 방전된 배터리를 충전하듯이….

그래서 시작되었습니다. 월요일 오전에 책을 읽고, 주제발표를 하고, 토론하는 시간을 갖기로요. 모임 이름도 지었는데 조금 거창합니다. '미래혁신포럼'(약칭 미혁포).

「미혁포」는 새로운 미래, 직업 세계의 변화를 바라보면서 미래사회의 리더가 되기 위한 공부 모임입니다. 그렇게 시작했는데, 벌써 7년여가 되었습니다. 책을 읽고 공부하는 것이 재미있다는 것을 이제야 알게 되었습니다.

격주로 정기 포럼이 열립니다. 그러다가 누군가 바람을 잡으면 야외포럼으로 바뀝니다. 등산길에 독서포럼을 열기도 하고, 1박 2일 여행포럼도 기획합니다. 해외포럼도 두 차례나 추진했습니다. 재충전 기간을 보내고 있는 회원을 찾아 도쿄 포럼을 다녀오기도 했습니다. 그러다 보니 점점 친해져서, 급기야 서로 장사 지내주자는 이야기까지 나왔나 봅니다. 막역지교(莫逆之交)라는 말은 이럴 때 쓰는 것이겠지요.

이번엔 책 쓰기입니다. 그동안 책 읽고 주제발표는 많이 했으니 공동으로 저서를 내보자고 합니다. 막내 회원으로 합류한 서연출판 유 작가의 제안에 그 자리에서 결정이 되었습니다.

어느 날 출간계획서가 단톡방에 올라왔을 때는 반신반의했습니다. 우리는 서로 매우 달랐거든요. 전공과 활동 영역이 다양하고 관심사도 제각각이었지요. 그러다 보니 다루는 주제나 전개 방식도 다채롭습니다. 문체나 전개 방식을 통일하기가 어려웠지요. 그런데 써 놓고 이어 붙여 보니 그런대로 읽는 재미가 쏠쏠합니다. 지금까지 몰랐던 속내를 보는 것 같습니다.

이 책의 저자들은 5~60대로 교육계, 언론계, 금융계 그리고 공무원 출신으로 인생 2모작을 준비하거나 첫발을 내딛는 사람들입니다. 매끄럽지는 않지만 진솔한 경험과 삶의 이야기를 하고 있습니다.

「새로운 미래 새로운 시작」(저자 안강현)은 급속히 변화하는 미래에 어떻게 살아야 할지에 대한 방향을 경험에 비추어 이야기합니다.

「노년의 행복은 다양한 취미생활에서」(저자 박태호)는 노년에 고물고물 놀 수 있는 다양한 취미를 본인의 경험을 토대로 소개합니다.

「삶의 숨터 전통시장 이야기」(저자 김용욱)는 사람과 사람을 이어주는 삶을 컨설팅의 경험을 통해 전통시장의 변화에서 찾고자 합니다.

「나도 자연이고 싶다」(저자 채영제)는 자연의 순리에 따라 인간으로 사는 법을 자신의 삶을 돌아보며 향기촌의 건립을 통해 찾고자 합니다.

「발달 장애를 가진 소년의 미소」(저자 김창배)는 발달 장애가 있는 사람이 차별을 받지 않고 사회구성원으로 어우러져 사는 삶에 관해 연구의 경험을 통해 이야기합니다.

「마라톤 타자기로 시작된 공직생활」(저자 박종훈)은 공직자가 가져야 할 마음가짐과 생활원칙을 자신의 경험을 바탕으로 이야기합니다.

「명리에세이 음양오행은 일상이다」(저자 유휘랑)는 문명의 발달로 복잡해지고 선택하기 어려운 삶의 방향을 명리학의 원리를 통해 생활에서 찾고자 합니다.

이 책은 퇴직 이후를 준비하는 독자들과 함께 각자 가지고 있는 전공이나 관심사에 대해 공감대를 넓혀 가는 기회가 될 것으로 생각합니다.

바야흐로 백세시대, 어떻게 맞이해야 할까요?

우리는 공부하는 것을 선택했습니다. 그것은 계속 책을 읽고 글쓰기를 하는 것입니다. 그러면서 우리는 점점 더 친해지겠지요.

"장사 지내 줄 때까지 같이 갑시다!"

2021년 2월
7명의 저자들을 대신하여
서봉마을에서
안강현

새로운 미래,
새로운 시작

안강현

왜 뒤에서 쫓아가, 앞에서 기다려야지
EBS는 왜 그만두었어?
리커런트 교육에 대하여
나의 여섯 번째 직업
달리는 사람 안강현
앞으로 우리 재미있게 살아가요
서봉마을에서 만나요

왜 뒤에서 쫓아가, 앞에서 기다려야지

그날 저녁 수지체육공원에는 조명등이 환하게 들어왔어요. 운동장 트랙 주변에는 가는 가을을 아쉬워하는 듯 붉은 단풍이 절정을 이루고 있습니다. 가을밤 운동장 조명을 받는 만추의 단풍은 과연 환상적입니다. 달리기하기 가장 좋은 계절을 꼽으라면 단연 늦가을입니다.

우리 마라톤클럽의 수요훈련 시간에는 석기축구회(철기축구회도 아니고, 조기축구회도 아니라) 야간 경기가 열립니다. 축구는 운동장 안에서, 우리 마라톤클럽은 그라운드 주변에서 신나게 달립니다.

그날은 토트넘 손흥민 선수가 맨유를 상대로 2골 1도움을 기록했던 날이었습니다. 손흥민은 '내 햄스트링에 마법이 일어났다'며 '박지성이 이곳 올드 트래퍼트에서 뛰었던 곳이어서 영광'이라고 하면서 박지성을 소환하더군요. 앗! 박지성. 산소탱크 박지성 선수. 많이 반가웠습니다. 미래예측 강의를 할 때 저도 박지성 선수를 소환하거든요.

박지성 하면 2002년 월드컵 때 포르투갈전이 떠오릅니다. 이영표가 길게 올려준 볼을 가슴으로 척 받아 오른발로 슬쩍 방향을 바꾸어 수비수를 제칩니다. 그대로 왼발 슛……. 골인!!! 그때처럼 축구를 보며 열광했던 적이 또 있던가요. 박지성 선수의 발끝에서 터진 한 골을 보면서 큰 감동을 받았지요. 박지성 선수 역시도 골을 넣고 환호하며 히딩크 감독에게 달려가서 품에 안기는 모습을 보니 가슴이 짠하기도 했습니다.

과연 축구 천재입니다. 절묘한 슈팅 찬스에서 찔러 넣는 슛이 많습니다. 특히 이란전에서 골키퍼가 펀칭한 볼을 헤딩으로 골로 연결하는 것을 보고는 그의 탁월한 위치 선점에 탄복하지 않을 수 없었습니다. '박지성은 지독한 연습벌레다', '심장이 두 개 달렸다', ' 인성이 좋다'며 높은 점수를 주지만 사실 체격도 왜소하고 심지어 축구 선수로는 치명적인 평발이라면서요? 그런데 어떻게 세계적인 선수가 될 수 있었을까요?

박지성은 결정적인 순간에 그 자리에 있었습니다. 그는 볼을 따라다니지 않습니다. 박지성은 한발 앞서 결정적인 그곳에 있었습니다. 볼을 향해 무조건 뛰기보다는 저 볼이 다음에는 어디로 흐를까를 생각합니다. 바로 볼 예측력입니다

축구공이 멈춰 있다면 빨리 뛰어가는 선수가 볼을 잡겠지요. 문제는 축구공은 움직인다는 것입니다. 유능한 축구 선수는 볼의 다음 위치를 예측합니다. 박지성은 그래서 세계적인 선수입니다.

두뇌 플레이라는 야구도 볼 예측력이 중요합니다. 통산 626호 홈런을 쏘아 올린 국민타자 이승엽 선수, 그의 특기는 예측 타격입니다. 타석과 투수까지의 거리는 18.44m, 투수가 시속 145km로 공을 던

진다면 홈플레이트까지 걸리는 시간은 불과 0.45초. 이승엽은 찰나의 순간 상대 투수의 투구 동작이나 볼 배합 패턴을 미리 읽어내는 '수읽기', 바로 볼 예측력이 탁월했던 것입니다.

전 세계 한류 붐을 이끄는 판타지 로맨스 드라마 '사랑의 불시착'. 북한에서까지 '사불'이라는 은어로 불리며 초대박인 모양입니다. 안 보셨으면 정주행 한번 하세요. 사기를 치고 도주하는 구승준을 잡는 법(?)에 나오는 극 중 대사입니다.

"왜 뒤에서 쫓아가? 앞에서 기다려야지."

축구나 야구뿐만 아니라 세상일이 다 그런 것 같습니다. 어떤 일이든지 뒤에서 쫓아가서는 성공하기 어렵습니다. 앞에서 기다려야 한다는 이야기지요. 변화를 예측하는 것이 관건임은 운동이든 드라마든 같습니다.

리더십 강사가 리더십이 없고 부부특강 강사가 이혼한다는데 미래예측 강사를 자처하는 저는 어떨까요? 이 글을 읽는 당신은 어떠십니까? 자신의 분야에서 미래예측에 얼마나 자신이 있으신가요? 저의 미래예측 분투기를 들어보시겠습니다.

EBS는
왜 그만두었어

　봉급생활을 천직으로 생각하고 다니던 직장인들이 50대에 접어들면서 밤잠을 설치는 경우가 많습니다. 직업 교육이 전공인 저도 예외는 아니었습니다. 안정되고 매력적인 직장 EBS. 그렇지만 나이 50을 맞아 몇 년 남은 정년이 다가오면서 고민은 점점 깊어져만 갔습니다. 이른바 백세시대인데 그때까지의 직업생활보다 더 긴 인생 후반전이 기다리고 있기 때문입니다.

　휴식과 재충전에 투자하는 건 꼭 필요하다는 확신이 들었습니다. 북유럽의 경우처럼 학습과 고용이 순환적으로 이루어지는 평생 직업 교육의 모델-리커런트 교육이 필요하다는 책무감도 작용했습니다.

　후반전 인생을 위한 재충전 기간을 갖기로 결심했습니다. 정년까지는 아직 많이 남았지만 제 2기 인생을 시작하려면 결코 빠르다고는 할 수 없었습니다. '직업교육'을 전공이랍시고 박사학위를 받았는데

도 자신의 진로와 관련해서조차 확실한 대안을 갖지 못하고 있다는 것이 학문적으로나 개인적으로나 부끄럽기도 했었습니다.

2003년 가을, EBS에서 잘 나가던(?) 부장 간부였던 저는 과감하게 사표를 냈습니다. 고등학교 교사를 거쳐 EBS 방송교육 연구직으로 24년간의 직장생활을 마감한 것입니다. 제 나이 49세.

저의 계획을 듣고 도움을 자청하고 나선 이는 도쿄학예대학의 다나카 교수였습니다. 귀인처럼 그가 나타났습니다. 그가 저의 멘토로 나섰습니다.

다나카 교수를 처음 만나 인사를 나눈 것은 1990년 여름 니가타에서 열렸던 '일본산업기술교육학회'입니다. 당시 석사과정 중이던 대학 후배의 지도교수였습니다. 학회 일정을 마치고 도쿄로 돌아오는 길에 동행하면서 오랜 지기처럼 가까워졌습니다. 소탈하고 쾌활한 모습이 인상적이었습니다.

"롱타임 노씨 (너무 오랜만입니다)."

시원스러운 목소리는 여전하였습니다. 10여년 후, 서울에서 다나카 교수와 재회의 인사를 나눴습니다. 저녁 식사를 같이하면서 그동안의 근황을 나누었는데 단연 화제가 되었던 것은 그때 학회를 마치고 군마현 고개를 넘어오다가 들렀던 온천 이야기였습니다.

그때 우리는 작은 노천온천으로 함께 들어갔습니다. '남목나서친'(남자는 목욕하고 나서 친해진다는 우스갯소리) 이라고 할까요. 그 시간 이후로 우린 죽마고우처럼 스스럼없는 사이가 되었습니다. 처음 경험하는 노천온천은 신기했습니다. 대나무를 엮어 둘러친 울타리, 하늘이 올려다보이는 냇가 먹터 같은 분위기였습니다. 벗은 옷을 대나무 소쿠리에 담아두는 것도 이색적이었습니다. 초면에 벌거벗고 같이 온천을 한다는 것이 놀라운 일이기도 했지요. 그런데 진짜 놀랄 일은 그다음에 일어났습니다.

　탕에 몸을 담구고 있던 다나카 교수가 입구 쪽을 향하여 무엇인가를 요구하는가 싶더니 묘령의 여인이 온천 안으로 쑥 들어오는 것이었습니다. 쟁반에 캔맥주를 받쳐 들고 말입니다. 저는 갑작스러운 상황에 두 눈을 의심할 수밖에 없었지요. 그런데 더 놀란 것은 그다음이었습니다.

　다나카 교수가 탕에서 쑥 일어나 캔맥주를 건네받는 게 아닙니까. 물론 아무것도 걸치지 않은 채 말입니다. 건네주는 여인이나 건네받는 남자나 너무나도 자연스러웠거든요. 일본에 혼탕이 있다는 이야기를 듣기는 했지만 눈앞에서 벌어지는 그 상황은 경악 그 자체이었습니다.

　나중에 겪고 보니 일본에서는 남탕에 여성 종업원이 들어오는 것은 그리 놀랄 일은 아니었습니다. 우리나라 남자 화장실을 아주머니가 청소하는 것처럼 일상적인 일이었습니다. 당시의 상황을 떠올리며 황당했지만 유쾌했었다는 이야기를 나누며 우린 여러 병을 비웠습니다.

　술자리가 무르익어 갈 때 제 이야기를 꺼냈습니다.

　"일본 대학에서 평생교육 연구를 하고 싶은데 주선해 줄 수 있겠습니까?"

　인터넷 검색을 통해서 도쿄대학, 북해도대학, 동북대학의 평생교육 전공 교수들의 리스트를 만들었고, 작성한 연구계획서를 어떻게 보내면 될까를 고심하고 있다고 부연 설명을 했습니다.

　다나카 교수는 물었습니다.

"EBS는 왜 그만두려고 하나요?"

지난달에 명예퇴직 희망원을 낸 후 많이 받았던 질문이었지요.

"일본의 평생 직업교육을 체험하고 싶고, 그리고... 재충전도 해야 할 것 같아서요."

이해하기 어렵다는 표정을 짓던 다나카 교수는 잠시 생각하더니 대답했습니다.

"일본에서 객원연구원 기간을 갖고 싶으면 우리 대학으로 오세요"

고마운 생각이 들었지만 평생교육 전공 교수가 있는 대학에 가고 싶었기 때문에 바로 반문했지요.

"교수님 전공은 기술교육이시잖아요?"

다나카 교수는 자신도 평생교육에 관해서 관심도 있고 해당 연구자를 소개해 줄 수 있다고 하는 겁니다.

그로부터 한 달여가 지났을까요. 항공 특급우편으로 도쿄학예대학의 객원연구원 초청장이 도착했습니다. 다나카 교수의 짧은 축하 메모가 붙어서 말입니다.

"This is the Christmas present-Foreign Researcher Acceptance Form. How lucky You Are!!!" (크리스마스 선물-객원연구원 초청장을 보냅니다. 축하합니다.)

대학에서 객원연구원으로 누군가를 초청하는 것은 간단하지 않습니다. 수개월 전에 신청을 받아 적절성을 검토하고 교무회의에서 승인 결정을 해야 합니다. 저의 연구계획서를 들고 일본으로 돌아간 다나카 교수는 특별케이스로 검토 회의를 열었답니다. 한국의 직업교육 전문가 초청 공동연구 신청서를 제출했던 것이지요. 십여년 전의 짧은 만남이 긴 인연으로 연결되는 순간이었습니다.

그때까지도 갑작스런 남편의 퇴직을 받아들이지 못하는 아내, 처음 떠나는 해외여행이 마냥 즐거운 딸아이. 기대 반 걱정 반의 3인 가족 이국 생활은 그렇게 시작되었습니다. 지금 생각해도 무모한 도전이었지요. 3개월 입문 과정을 마친 완전 초보 수준의 일본어 실력으로 좌충우돌 일본 생활 이야기는 다채롭습니다.

다니던 대학 2학년을 휴학한 딸아이는 아주 신이 났습니다. 제일 적응이 빨랐습니다. 일본어학교를 다닌지 6개월도 안되어 우리 가족의 통역을 전담하였으니까요. 아내는 결혼한 이후로 공부를 해본 경험이 전혀 없는 프로 주부입니다. 그런데도 공민관(우리나라 주민자치센터와 비슷)의 일본어 교실에 나가는가 싶더니 어느 날부터인가 이웃들과의 수다가 시작되더군요.

문제는 저였습니다. 방송사 부장이랍시고 지시하고 결재만 했더랬었으니까요. 그 나이에 과연 공부가 될지 자신이 없었습니다. 그렇지만 일단 들이댔습니다. 의사소통이 우선 문제였고 초청 조건이었던 논문도 써야 합니다. 객원연구원 신분이지만 학생으로 돌아가 공부하기로 작정하고 유학생 일본어 강좌, 학부의 기술교육 강의 그리고 공민관의 국제교류 프로그램에 참여했습니다. 유학생을 대상으로 하는 초급일본어는 그런대로 따라갈 만했는데 학부 강의는 역시 무리였습니다. 강의를 녹음해서 듣고 또 들었습니다. 한 학기가 지나니 대충 흐름은 따라갈 수가 있었습니다. 몇 주를 꼬박 준비하고 연습해서 세미나 발표도 했습니다.

이렇게 우리 가족은 일제히 학생 신분으로 돌아갔습니다. 공부방으로 변한 집안엔 활기에 넘쳤습니다. 아침엔 일제히 각자의 교실로 향했습니다. 국제교류회관이 대학 구내에 있으니 일상생활이 대학생이나 마찬가지입니다. 새벽의 잔디 운동장에서 조깅으로, 부속 소학교 어린이들의 재잘재잘 지저귐으로 아침을 시작하고 도서관에서 공부하고 인터넷 서핑하고 세끼 모두 숙소에서 같이 먹습니다.

하루는 초밥집을 예약해서 가족 파티를 열었습니다. 우리 가족에게 너무 기쁜 날이었습니다. 일본어능력시험에서 모두 합격했기 때문입니다. 능력과 실력에 따라 딸은 1급, 저는 2급, 아내는 3급, 대학생인 딸은 안정권이었지만, 저와 아내는 아슬아슬했었으니까요. 무모하기까지 했던 일본행, 그 후 8개월여 만에 그리고 50대에 이룬 작은 평생교육의 결과이기도 해서 보람과 기쁨이 컸습니다.

도쿄학예대학의 객원연구원 생활을 마무리하면서 '일본 평생직업교육의 현황과 과제'라는 소논문을 완성할 수 있었습니다. 더 의미 있었던 것은 일본, 일본인, 그리고 일본 사회를 깊이있게 체험하고 관찰하는 기회가 되었다는 점입니다. 되돌아보니 그때의 1년이 저를 포함하여 우리 가족사에 큰 전환점이 되었음은 확실합니다.

2005년 3월 초 어느날 새벽. 일본 생활을 마치고 귀국하는 날입니다. 다나카 교수, 대학원생 그리고 그동안 정든 국제교류회관 가족들과 이웃들. 도쿄학예대학 국제교류회관 마당에서는 어둠 속 이별식이 열렸지요.

짧다고만은 할 수 없는 지

객원연구원 자격으로 도쿄학예대학 입학식에 참석하고 나서 다나카 교수(우측)와 기념촬영

난 1년. 완전 초보 수준의 기본 회화 몇 마디와 눈치에 의존해서 용감하게 대처했던 순간들. 크고 작은 많은 사건과 이야깃거리들. 특히 도움을 많이 주었던 이들과 헤어지는 아쉬움, 감사한 마음, 그리고 무사히 보냈다는 안도감이 겹치는 도쿄의 새벽 귀국길이었습니다.

일본. 그리고 일본인. 우리와 같은 점이 많습니다. 아니, 너무 다릅니다. 1년 동안 두 명제 사이를 왔다 갔다를 반복하면서 일본, 그리고 많은 일본인을 만났습니다.

사실 1년은 너무 짧습니다. 가보고 싶고 해 보고 싶은 것들이 아직 많습니다.

그런가 하면 1년은 참 길더군요. 많은 것을 보고 듣고 경험했습니다. 손에 턱 잡히지는 않지만 그것들이 곧 시작될 인생 후반전에서 쓰일 에너지라는 것은 분명합니다.

귀국길 인천공항에 내리니 입던 옷 꺼내 입은 듯 과연 편안합니다. 1년 전 도쿄행 비행기에 오를 때 이상으로 새로운 긴장감이 엄습합니다. 기간도 정해지지 않은 인생 2막이 기다리고 있기 때문일까요.

리커런트 교육에 대하여

요즘엔 평생직장이라는 말은 거의 듣기 어렵습니다. 종신고용이나 평생직장의 개념은 사라지고 있습니다. 또한 의학의 발달로 평균 수명은 길어져 긴 노년 생활이 늘어나고 있습니다. 100세 시대라는 말이 어색하지 않습니다. 일할 수 있는, 일해야만 하는 기간이 늘어나고 있습니다.

4차 산업혁명과 AI 시대는 급속한 직업생활의 변화를 요구하고 있습니다. 신직업 시대로의 전환기입니다. 미래의 세대에게 앞으로의 직업 세계를 준비시켜야 하는 직업교육은 원리, 내용 그리고 방법 등 전반적인 측면에서 변화되어야 한다는 것이 일반적인 견해입니다.

산업사회에서는 창고에 비축한 물품을 필요에 따라 꺼내 쓰는 식의 재고(在庫) 학습이 지배적이었습니다. 이제는 '평생동반학습'의 시대입니다. OECD는 일찍이 전 생애에 걸쳐 직업 세계를 떠나 자유로

이 교육 부문에서 학습하고 다시 일자리로 돌아가는 학습모델인 리커런트 교육을 대안으로 제시한 바 있습니다. 우리나라는 1999년 평생교육법이 제정된 이후 평생직업교육에 관한 논의와 대안 연구가 여러 차원에서 이루어져 왔으나 평생직업교육 모델인 리커런트 교육에 관해서는 거의 관심을 가지지 못한 것이 사실입니다. 공교육의 위기라고까지 일컬어지는 중등교육의 문제 그리고 더 심각한 중등직업교육 또한 급격한 직업생활의 변화로 평생직업교육 체제의 개편이 시급합니다.

리커런트 교육(recurrent education)은 스웨덴의 경제학자 렌(Rehn, G)이 제창하고, OECD에서 평생교육 구체화 전략의 하나로 채택하였습니다. 리커런트 교육은 혈액이 인체를 순환하는 것처럼 교육을 개인의 평생에 걸쳐 순환하도록 해야 한다는 것입니다. 청소년기에 집중되어 있던 교육을 개개인의 평생에 걸쳐서 제공하여야 하며 또한 조직적으로 이루어져야 합니다.

리커런트 교육은 청소년기에 집중된 교육을 인생의 후반기로 연기한다는 점에서 지금까지의 학교교육과 다릅니다. 여러 가지 교육 문제를 일시에 해결하는 대안은 아니지만 학교가 목적의식이 분명한 사람들에게 개방되어 보다 효율적으로 활용하는 것이 될 것이기 때문입니다.

지금까지 직업교육과 직업 세계의 관계는 직선적이고 일방향적이었습니다. 사람들은 주로 청소년기에 집중된 교육을 받고 교육이 종료되면 직업 세계로 진출합니다. 그리고 은퇴할 때까지 직장생활은 계속됩니다. 직업 세계를 떠나서 다시 학교에 다니는 것은 현 교육제도 아래에서는 어려운 일입니다.

리커런트 교육은 이러한 폐쇄적인 교육시스템을 순환적으로 그리고 교육과 직업 세계가 상호 교류되도록 하는 평생교육 모형입니다. 북유럽의 경우 직장생활을 하다가 다시 학교로 복귀하여 공부할 경우 학비는 물론 생활비까지 지급하는 교육복지사회를 이루었습니다.

누구나 마음 놓고 직장과 학교를 수시로 왔다 갔다 합니다. 모름지기 '학교에서 일터로, 일터에서 학교로'가 원활히 이루어지는 것입니다. 리커런트 교육에서는 교육을 혈액으로 비유합니다. 직업교육을 전 생애에 걸쳐 혈액처럼 순환하도록 해야 한다는 리커런트 교육 모형은 취업 후 진학 정책에 바로 응용할 수 있습니다. 여러 측면에서 적용 모델의 연구와 적용을 제언합니다.

나의 여섯 번째 직업

어느새 제 나이가 60대 후반으로 접어들었습니다.

최재천 교수의 논리로 보면 '제2 인생'을 시작하는 시기이고, 미야기 대학의 히사츠네 교수의 구분법으로는 '비약기'에 해당하는 나이입니다. 최근 유엔이 발표한 새로운 나이 구분 기준을 적용하면 이제 '중년'입니다. 몇 년 전 서울국제마라톤 풀코스에서 3시간 55분에 완주했으니 아직 건강과 체력도 충분합니다. 은퇴하여 여생을 보낼 나이는 아직 아니지요?

교사, 연구원, 프로듀서, 컨설턴트, 국외여행인솔자.

미래 유망직업을 나열한 것이냐고요? 인공지능으로 대체되기 어려운 직업 리스트처럼 보이기도 하지요. 제가 거쳤던 직업들 입니다.

교사와 연구원, 프로듀서는 급여를 받는 직장에서의 직업이었습니다. 교사 8년, 교육개발원과 교육방송에서 16년, 모두 24년간 직장생활을 했습니다. 매일 출근해서 상사로부터 일감을 받아 처리하고 근무 평정을 받고 그 대가로 매달 봉급을 받는 직업생활이었지요. 교사 시절에는 다소 자율성이 있긴 했지만 대체로 상사의 통제와 허락을 받아야 하는 직장인이고 일하는 부서도 제가 선택할 수 있는 권리는 없었지요.

퇴직 후 일 년 동안 리커런트 기간을 보내고 나서 '일과교육 연구소'를 창업했습니다. 150여 프로젝트가 저희 연구소에서 수행되었습니다. 많은 외부 전문가들의 도움을 받고 협업을 통해 과제를 성공적으로 마쳤습니다. 동행해 준 채영제, 김용욱, 김창배 박사에게 늘 감사한 마음입니다. 앞으로도 계속 같이 갑시다.

업무 지시를 받는 직장생활과는 다르지만 고객과의 계약 내용과 수행일정을 준수해야 합니다. 상사로부터 스트레스나 갈등은 없었지만 계약고객을 만족시키기 위한 치열한 직업생활이었습니다. 업무 스트레스는 직장생활보다 몇 배는 더하지요. 성취감과 보람은 그 이상이지만요. 아쉬웠던 점은 수입이었네요. 늘 충분하지 않았으니까요.

코로나 덕분에 두 번째 리커런트 중입니다. 이제 6번째 직업입니다. 그건 글쓰기로 먹고사는 작가입니다. 성공 여부는 미지수입니다. 역량이 딸립니다. 지난 몇 년여 갈팡질팡 갈피를 잡지 못했습니다. 글쓰기가 적성에 맞지 않은 일일지도 모릅니다. 그렇지만 도전합니다. 이번엔 실마리가 풀릴 것 같은 예감이 듭니다.

제가 쓸 수 있는, 쓰고 싶은 것은 일가치관에 관한 것입니다. '일과 사랑. 그게 삶이다'라는 프로이트의 명언이 떠오릅니다. 일 이야기를 종합적으로 다뤄보고 싶습니다. 일을 왜 하느냐고 물으면 우선 '먹고 살기 위해서' 라고 하지만, 좀 더 자세히 들여다보면 여러 가지로 나뉩니다. 제 학위논문 주제입니다. 직장생활에 치여서 후속 연구를 진전시키지 못했습니다.

학교에서 일하는 방법을 가르치고 기능훈련은 열심히 시키지만 일의 가치에 대한 것은 소홀합니다. 돈 많이 버는 일, 지위나 평판이 높은 일 중심으로 직업 시스템과 교육이 매몰되어 있기도 합니다. 저의 관심은 일이란 무엇이고, 왜 일을 해야 하고, 어떻게 일을 해야 하고, 미래의 일은 어떠할 것인지에 대한 그런 것입니다. 자기 계발서는 많지만 일의 본질을 다루는 책은 찾아보기 어렵습니다.

또 하나의 관심주제는 평생 직업교육입니다. '일할 수 있는 능력'을 기르는 것이 학교의 주요 기능입니다. 청소년기에 자신의 적성과 소질에 맞는 진로를 탐색하고, 전공을 정하고, 집중적인 공부를 합니다. 그리고는 학력(學歷)에 따라 일자리를 구해 직업생활을 시작합니다. 그렇게 정년까지 직업생활을 하다가 은퇴하고 여생을 보내는 것이 보편적인 직업생활입니다.

이제 달라졌습니다. 평생직장은 옛말이 되었고 일생 동안 5~6회의 직업 이동은 일반적입니다. 최근 출산율 저하와 노령화 문제가 크게 대두되고 있습니다. 이를 직업생활 측면에서 바라보면 60세 전후 은퇴해서 여생을 보내는 시대는 지났습니다. 죽을 때까지 일해야 하고 세금도 내야 합니다. 그래야 국가와 사회에 그리고 가족에게 민폐가 되지 않습니다.

자료를 정리하다가 2005년에 책 쓰기 계획을 세웠던 것을 발견했습니다. '50을 위한 도전'이라고 제목을 붙이고 목차도 만들었습니다. 꼭지 글도 하나 써 두었던 것을 찾아냈습니다. 그런데 이럴 수가…. 아직도 완수하지 못했습니다. 귀국 후에 연구소를 운영한다, 새 사업을 구상한다, 하면서 정리할 기간을 갖지 못했습니다. 덮어 두었던 일기와 사진, 기억을 다시 들춰보는 것은 흥미롭습니다. 그런 생각으로 지난번 도야마 출장길에 도쿄학예대학을 경유했습니다. 1년간의 객원연구원 생활을 되짚어 보았습니다. 무라카미 하루키가 뛰면서 소설을 다 썼다는 아카사카의 진구가이엔도 달렸습니다. 무모한 것 같았던 '50을 위한 도전'을 다시 이어나가려고 합니다.

다시 공부를 시작하는 단계, 일본에서의 1년 (공부와 생활), 일본의 평생교육 관찰기, 그리고 귀국 후 정착 과정으로 하며 40~50대의 진로 고민과 명예퇴직에 이르는 결심, 그리고 다시 시작하는 공부의 어려움과 즐거움, 일본과 유럽 평생교육(리커런트)의 운영 사례를 다루되 실제 체험한 내용을 좌충우돌 실제 사례를 엮어 재미 요소를 곁들여 써 보겠습니다.

또 다른 주제를 생각해 보면,
《일로부터의 자유》,《교육코칭으로 수업하기》,《읽고, 쓰고, 달리고》,《귀향일기》,《노르웨이 숲의 여인》

이렇게 나열해 놓으면 혹시 쓰게 될지 모릅니다. 책의 저자 소개에는 다음과 같이 쓰고 싶어요. 쑥스럽지만, '작가, 그리고 달리는 사람'

달리는 사람
안강현

2003년 봄 어느 날부터 저는 달리기 시작했습니다. 누가 권유했던 것도 아닌데, 그냥 달리기 시작했습니다. 18년째 달리기에 빠져 있습니다. 아내와 동행합니다. 부부싸움을 하고 나서도 같이 달립니다. 일주일에 두 번, 수요일 저녁과 일요일 아침에는 반드시 달립니다.

포레스트 검프는 사랑하는 여인 제니가 떠난 후 허전한 마음을 달래지 못하고 무작정 달리기 시작합니다. 《걷는 사람, 하정우》에서 하정우는 걷는 것 밖에는 할 일이 없어서 걷기 시작했다고 하지요. 저도 왜 달리기 시작했는지 잘 모르겠네요.

그런데 칠순을 앞에 두고 있는 지금, 지금까지 가장 잘한 선택은 무엇이냐고 누가 묻는다면 주저 없이 달리기라고 말하려고 합니다.

달리기의 어떤 점이 좋으냐고 또 묻는다면 백 가지도 넘게 이야기할 수 있다고 너스레를 떨곤 합니다. 지금까지 백번이 넘는 대회에 출전했네요. 울트라마라톤대회에 출전해서 6번이나 완주했습니다. 세계에서 가장 권위 있고 역사가 긴 보스턴마라톤대회에도 출전하여 완주했으니 내세울 만도 하지 않나요?

> *출발신호가 올리자 천천히 출발선을 빠져나갔다. 10km는 처음부터 속도들을 내서 덩달아 오버페이스를 하곤 했는데... 보령 시내를 한 바퀴 돌아 시원한 논 사이의 4차선 도로로 접어들어서도 다들 서두르지 않는다. 풍선을 뒤 꼭지에 달고 뛰기에 누군가 했는데 등을 보니 '1시간 50분' '페이스메이커'. 10km와 다른 것이 많군... 저 뒤를 따라가면 일단 목표는 달성되겠네. 지칠 때를 대비하여 추월해 보았다. 1시간 45분. 보령시민들의 응원 속에 초주검이 되어 결승선을 통과하면서도 계기판에 눈이 갔다. 초까지 읽을 힘은 남아 있지 않았다. 역시 21.0975km가 만만하지는 않군. 지난 4월에 노사마라톤 10km로 처음 달리기에 데뷔한 이래 하프코스에 처음 도전하여 쉼 없이 달려 이룩한 기록. 출발선에서 내심 1시간 50분은 넘지 않았으면 했는데 목표 달성이다.*

처음으로 하프마라톤 대회에 참가하고 쓴 참가 후기입니다. 그때 기록이 1시간 45분. 지금은 불가능한 기록이지요.

일본 도쿄학예대학 객원연구원 시절에도 달리기는 멈추지 않았습니다. 코가네이공원 마라톤클럽을 찾아가 외국인 회원으로 가입하여 일본 마라토너와 같이 뛰었지요. 우리나라보다 시민 마라톤의 역사가 30년은 앞서 있고 저변도 넓습니다. 수지가톨릭마라톤에서는 제가 제일 연장자인데 일본 마라톤클럽에서는 거의 막내 수준입니다. 그들과 함께 훈련하고 대회에 참가하면서 매우 친해졌습니다. 달리는 사람들의 생각이나 특성은 거의 같아서 격의 없이 어울렸고 일본 사람들의 속 모습을 들여다보는 계기가 되었습니다. 5km를 릴레이로 뛰는 역전마라톤에 참가하고 나서 우리 부부는 일본 마라토너들과 더욱 친해졌지요.

왕궁 담을 따라 도는 5km 코스는 주말이면 마라토너로 항상 북적입니다. 높은 담 너머로 얼핏 보이는 일본 왕궁 지붕, 잘 가꿔진 소나무 정원, 돌담 밑으로 흐르는 호수 그리고 동경역과 긴자의 초고층 빌딩 숲으로 어우러진 그림 같은 코스이지요. 왕궁 앞 2km만 평지이고, 3km는 완만한 긴 오르막과 내리막입니다.

우리 마라톤클럽 해외 원정 정모코스로 어떨까? 2박 3일 정도 역전 친목마라톤에 참가하고 동경시내 관광도 하고 코가네이공원 마라톤클럽과 교류도 하면 좋겠다. 이런저런 생각을 해가며 열심히 달렸

더니 벌써 교대 지점. 다음 주자에게 어깨띠 전달, 21분 29초. 첫 주자의 기록을 3분이나 까먹었는데도 구보타 사무국장이 예의 환한 웃음과 함께 달려오며 '우와 안상 하야이네' (빠르네). 아내는 23분 18초에 들어왔는데, 더 인기 만발이더군요. 노인네들에 둘러싸여서...

100km 울트라 마라톤의 골인지점이 가까워지

고 긴 여행의 끝이 보입니다. 어제 저녁부터 시작한 밤샘달리기. 15시간을 넘어갑니다. 끝까지 완주했다는 자존감, 에너지를 다 쏟아부은 후의 만족감, 드디어 해냈다는 성취감으로 가슴이 뜨거워집니다. 완주 월계수관이 씌워지고 축하 메시지가 소진한 기력 사이로 꿈결처럼 다가옵니다. 주어진 생을 마칠 때에도 이런 환호와 충만함을 갖게 되기를 소원해 봅니다.

100km 마라톤은 인생의 축소판이라는 생각이 들었습니다. 다시 한번 참가하기로 맘먹었습니다. 지난 인생은 다시 살아 볼 수 없지만 100km 울트라 마라톤은 다시 음미해 볼 수 있기 때문입니다.

골인 지점까지는 팔공산 자락의 큰 고개를 4개나 넘어야 하고 수도 없이 많은 갈림길을 지납니다. 그때마다 멈춰 서서 길바닥을 관찰해야 합니다. 진행 방향 표시가 그려져 있기 때문입니다. 생각 없이 달리다가는 길을 잃어 헤매기 십상입니다. 우리네 인생도 어떻게 살아야 하는지 고민될 때 이처럼 방향 표시가 되어 있다면 얼마나 좋을까요?

결승선을 넘으면서 울컥 눈시울이 뜨거워집니다. 그 먼 거리를 어떻게 달려왔는지 스스로 대견해 합니다. 완전 방전이 이런 것인가요. 그렇지만 두 손이 번쩍 올라갑니다. 환호의 완주 축하 박수소리가 들리니까요.

술 마시고 고스톱 치느라고 아침을 맞은 적은 있었지요. 마감에 쫓겨 원고 쓴다고 밤을 새운 적도 있었지요. 그것과는 차원이 영 다릅니다. 신비합니다. 달리면서 맞는 새벽닭 소리와 여명은…

"빨리 가려면 혼자 가라. 멀리 가려면 함께 가라"

아프리카 속담에 있는 이야기이지요. 100km는 혼자 가기에는 너무 멉니다. 동반자가 있어서 완주할 수 있었습니다. 우리 인생도 동반자가 있어야 하듯이…

캄캄한 밤에 길을 잃지 않으려면 앞선 주자를 따라가야 합니다. 뒤에 오는 주자들에게는 내가 길잡이가 되어야 합니다. 주자들은 깜빡이등을 달아 자신의 위치를 알립니다. 그래야 다 같이 골인을 할 수 있습니다. 우리가 완주라는 목표를 공유하는 공동체라는 깨달음을 울트라마라톤에서 배웁니다.

앞으로 우리 재미있게 살아가요

> "나는 살면서 꼭 해야 할 일이라고 하면 맨 처음 '세상 그 누구보다 재미
> 있게 살기'가 늘 떠오른다."

캐롤 재코우스키 수녀가 쓴 《살면서 꼭 해야 할 재미있는 일 10가지》의 첫 문장입니다. 캐롤 수녀는 이어서 단정적으로 말합니다.

> "지금, 이 순간이야말로 가장 재미있을 가능성이 있는 때로, 이 순간은
> 한번 지나가면 다시 오지 않으니 바로 지금을 주목해야 한다."

수녀님이 쓴 책이니까 신(God) 이야기가 많겠지, 라고 생각하지 마세요. 신앙생활 이야기는 거의 없습니다. 술술 읽히고 재미있습니다. 세상 그 누구보다 재미있게 살아가는 네 가지 방법을 소개합니다.

1. 재미있는 사람을 찾아라.
2. 남들과 함께 있을 때 내 생각은 일단 접어 두자.
3. 당신이 먼저 재미있는 사람이 되어라.
4. 재미있어 보이는 일은 일단 용감하게 시도 하라.

재미가 너무 중요하다는 것을 통감하고는 있지만, 이렇게 재미있게 사는 방법을 구체적으로 조언하는 책을 처음 만났습니다.

"앞으로 우리 재미있게 살아가요."

아내가 어느 날 말하더군요.

"그럽시다. 그거 대찬성!"

대답은 했지만 어떻게 사는 것이 재미있게 사는 건지 손에 잡히지 않습니다.

행복 연구자 서은국은 행복의 핵심을 한 장의 사진에 담는다면 그것은 '좋아하는 사람과 함께 음식을 먹는 장면'이라고 한 말이 떠올랐습니다. 그래서 우선 생각나는 맛집으로 향했습니다.

모처럼 찾아간 곤지암 소머리국밥집은 예전 모습 그대로입니다. 역시나 식당 앞에는 순서를 기다리는 이들이 있습니다. 30여 분을 기다렸습니다. 자리에 앉자마자 무럭무럭 김이 오르는 소머리국밥이 한 상 차려집니다. 뽀얀 우윳빛 국물에 푸른빛이 살짝 돕니다. 머리 고기 한 점을 양념장에 찍어 입에 넣어봅니다. 잘 익혀진 고기는 쫀득하고 부드럽고 달콤합니다. 멀리까지 오길 잘했습니다. 한 그릇 맛나게 먹고 나니 포만감과 함께 소소한 행복감이 밀려옵니다. 아. 이게 재미있게 사는 거구나! 중독성이 강한 미소의 여인 줄리아 로버트 주연의 영화 '먹기사'《먹고, 기도하고, 사랑하라》가 떠올랐습니다.

지인들에게 마라톤 전도를 하고 첫 대회에 출전시킬 때 저는 페이스메이커를 자청합니다. 페이스메이커를 하는 방법은 세 가지가 있어요.

우선 선수보다 세 발짝 정도 앞에서 리드합니다. 따라오는 선수의 상태를 보아가며 완급을 조절하고 특히 오버페이스하지 않도록 유의합니다. 일반적인 페이스메이커 방법입니다.

두 번째는 선수의 한 발짝 정도 뒤에서 따라가는 방법입니다. 격려와 칭찬을 곁들여 선수가 가진 기량을 충분히 발휘할 수 있도록 뒷받침합니다. 지친 기색이 보이면 손바닥을 선수의 등에 살짝 대주기도 합니다. 든든한 후원자가 되는 것이지요.

세 번째 방법은 단순합니다. 그냥 같이 뛰는 겁니다. 속도를 내면 같이 속도를 내고 지친 것 같으면 같이 걷습니다.

어떤 페이스메이커가 가장 효과적일까요?

보스턴 마라톤을 같이 달렸던 L이 말했습니다.

"저 사실 혼자 살아요. 갑자기 이혼한 아내가 전화했어요. 큰아이가 결혼한다고. 양복 맞추러 가자고요. 10년 전에 헤어진 후로 한 번도 안 만났거든요."

정말 의외였습니다. 그래서 그렇게 마라톤에 몰두했구나. 저는 묵묵히 듣다가 그냥 어깨만 툭 쳐 주었습니다. 그가 갑자기 생각나서 전화를 돌렸습니다.

"L형 잘 지내? 사위 맞이는 잘했어? 미안해, 직접 가서 축하해 주질 못해서."

"어이쿠 형님. 죄송합니다. 제가 먼저 전화를 드렸어야 했는데… 그리고 형님. 저희 합치기로 했어요. 형님이 그렇게 하라고 했잖아요. 정말 감사합니다."

옆에 있어 주기만 해도, 들어주기만해도 스스로 변하고 알아서 바뀐다는 것을 알았습니다. 그리고 페이스메이커, 보람도 있고요 재미도 있어요. 앞으로 페이스메이커 많이 하려고요.

새벽녘 잠결에 '야 멋지다!' 라고 외치는 감탄사에 잠이 깼어요. 시계를 보니 5시 40분, 해뜨기 20분 전. 아내의 시선을 따라가 보니 안방 창문으로 내다보이는 늘 보이던 풍경. 북동동 쪽으로 성지바위산이 보이고, 8부 능선에 걸쳐 용서고속도로가 지납니다. 어둠이 채 걷히지 않은 여명. 먼동이 터오는 새벽빛이 하늘에 번지고, 성지바위산은 아직 검게 보입니다. 고속도로 가로등이 빛납니다. 정말 별처럼 빛나네요. 집 앞의 전봇대와 전깃줄은 직선과 곡선이 묘한 대조를 이룹니다.

고향으로 이주해 온 지 4년째, 이제야 보이는 새벽 여명에 감탄사를 연발하다니. 아내의 환호성이 아니었으면 모르고 지날 뻔했습니다. 스마트폰 카메라로 찍어 봅니다. 코로나19가 가져다준 여유로움의 덕인가요? 그러네요. 내일 아침 새벽 여명이 기다려집니다. 이제야 광교산도 보이고, 냇가 시냇물 소리도 들립니다.

요즘 고향마을에 푹 빠져 지냅니다. 고향을 다시 보고 느끼고 알아가는 재미. 정말 재미있습니다. 광

교산의 세 봉우리인 형제봉, 시루봉 그리고 가운데봉으로 둘러싸인 서봉마을이 제가 사는 곳입니다. 정말 아늑하지요? 고향에서 맞는 아침은 늘 재미있습니다.

내친김에 졸시를 하나 끄적여 보았는데요. 수지문학회 창립시인이고 수지농협 조합장을 지낸 이석순 고향 선배는 마을 기념비에 넣어도 되겠다고 띄우시네요. 이런.

서봉마을에서 만나요

안강현

만나요 우리

태조 왕건께서 이름 지은

광교산 밑 첫 동네

서봉마을에서

시루봉 형제봉 사이에 가운데봉

병풍으로 품어 안은

삼태기 마을

밀려오는 아파트 숲을 막아낸

천년 절터 서봉사지

보물 9호 현오국사탑비

신봉천 물길 따라

광교산 세 봉우리가 양손 번쩍 반기는

광교산 밑 첫 동네

서봉마을에서

만나요 우리

노년의 행복은
다양한 취미생활에서

박 태 호

노년은 혼자서도 고물고물 잘 놀아야한다.
돈과 취미
끊을 수 없는 취미, 독서
오카리나, 맑고 청아한 매력에 빠지다.
색소폰의 독특한 매력
기타(guitar)와 일본어
가수(歌手)의 꿈, 아직도 유효하다.
운동이 마냥 좋은 것은 아니지만 그래도 해야 한다.
등산, 정상에 오르는 짜릿한 매력
아라뱃길 종주, 자전거 라이딩을 다녀오다.
드라마 같은 야구, 믿을 수 없는 야구
댄스 그리고 콜라텍 예찬
테니스와의 인연 그리고 매력
골프와 함께한 30년 세월
행복을 가져다주는 주말농장

노년은 혼자서도 고물고물 잘 놀아야 한다

"노인이 세상을 떠난다는 것은 박물관 하나가 불 탄 것과 같다"라는 아프리카 속담이 있다. 그만큼 살아온 노하우나 지혜를 소중히 해야 한다는 것이다.

그럼에도 불구하고 OECD 국가들 가운데 우리나라가 1위를 달리는 부분이 바로 노인자살률과 노인빈곤층의 비율이다.

노인자살률의 근본원인은 돈, 건강, 외로움 등의 순으로 나왔다고 한다. 생로병사의 원리를 거스를 수 없지만 건강하게 천수를 다 하고 이 땅을 떠나고 싶은 것이 모든 노인들의 소망일 것이다. 그런데 현실은 그렇지 않다.

흔히 외로움은 현대인들에게 암보다 무서운 병이라고 한다.

외로움은 노인우울증으로 발전한다.

노인우울증은 절망이 아니라 무망 때문이라고 심리학자들은 얘기하고 있다. 절망 속에는 희망이 싹틀 수 있지만 무망은 아무 희망이 없다는 점이다.

이 땅에 와서 아무 희망이 없이 살아간다면 목숨은 붙어 있지만 진정한 삶이라고 할 수 없다.

보통 은퇴 이후 20년에서 길게는 40년 가까이 시간이 주어진다. 이 기간을 잘 보내려면 적당한 돈과 건강은 꼭 필요한 요소이다. 하지만 이것만으로는 부족하다. 바로 정서적 자립이 동반되어야만 한다.

이는 내 인생을 내 의지대로 살아갈 수 있는 독립적인 힘이다.

여기에는 친구관계, 취미활동, 생활력, 간병 등 일상생활과 관련된 모든 항목이 포함된다. 정부나 자식에게 부담을 주지 않고 당당하게 노후생활을 영위하기 위해서 경제적 문제를 넘어서는 정서적 자립이 더욱 중요하다.

그 중에서 다양한 취미활동에 관심을 가지고 혼자서도 고물고물 잘 놀 수 있다면 노후가 결코 외롭지 않을 것이다. 당분간 코로나19로 인해 집콕을 강요당하는 언텍트시대가 계속될 것으로 전망된다.

결국 혼자서도 여러 가지 취미를 개발하여 잘 놀아야 한다.

지금부터 내가 실천하고 있는 몇 가지 노하우를 소개하고자 한다.

돈과 취미

영국, 프랑스, 독일, 스웨덴 등 유럽의 여러 나라에서는 은퇴라고 하면 자유와 행복이라는 단어를 떠올린다고 한다. 은퇴 이후 충분한 연금이 나오고 평소 준비를 철저히 했기 때문이다. 반면에 우리나라에서는 노후준비가 만족스럽지 않기 때문에 은퇴라고 하면 돈, 건강, 외로움 등을 생각한다고 한다. 결국 돈이 문제이다. 은퇴 이후에도 자금이 충분하여 생활하는데 아무 지장이 없다면 큰 짐 하나는 더는 것이다.

물론 건강과 체력이 뒷받침되어야 한다. 은퇴 이후는 여가시간이 많은 편이다. 그런데 이 넘치는 여가시간을 잘 보내야 하는데 대부분 TV 시청에 아까운 시간을 쏟아 붓고 있는 실정이다. 실제로 통계청에서 1인가구를 대상으로 조사한 바에 따르면 주말 여가활동으로 71.8%가 TV시청으로 나왔다. 여가활동의 다변화가 시급한 실정이다.

　동 조사에 따르면 여가활동 비용은 15만 원 이상 지출되는 가구가 41.5%이며 3만원 미만의 소비가구도 9.8%에 이른다고 한다.

　현대인들은 대부분 돈 없이는 여가를 즐길 수 없다고 생각한다.

　취미활동도 마찬가지이다. 그런데 큰돈을 들이지 않고도 즐길 수 있는 것이 주변에 많이 있다. 요즘 내가 즐기는 취미 위주로 살펴보자.

　먼저, 책읽기를 꼽을 수 있다. 조용한 낮 시간에도 읽고 싶은 책에 흠뻑 빠져본다. 은퇴자들의 특권이다. 그 다음은 밖으로 나가는 운동들이다. 등산이나 걷기는 돈이 거의 안 든다. 자전거 라이딩도 초기 구입비용을 제외하면 약간의 수리비만 들어간다. 내가 가장 좋아하는 테니스는 한 달 회비가 3만 원에 지나지 않아 큰 부담이 없다. 골프도 필드에 나가면 큰돈이 들지만 스크린골프는 만 오천 원 정도로 즐길 수 있다. 장갑이나 골프채 심지어 신발까지 무료로 대여한다.

　노인들의 사교장이요 운동으로 각광받고 있는 콜라텍은 입장료가 2천 원으로 몇 시간을 재미있게 놀 수 있다. 또 다른 취미로 악기연주가 있다. 기타나 색소폰은 악기구입 비용이 좀 들어가지만 그 후 연습 기간에는 큰 비용이 들어가지 않는다.

　오카리나는 조그만 크기에 가격이 저렴하다. 청아한 소리에 매료되어 연주의 맛을 더한다. 이와 같이 적은 돈으로도 여러 가지 운동과 악기연주로 멋지게 취미생활을 즐기고 있다.

　요즘은 장구와 경기민요를 열심히 배우고 있다. 젊었을 때, 국립국악원에서 1년 동안 단기과정으로 배운 바 있는데 유튜브를 활용하여 옛 실력을 되찾고 있다. 너무 재미있다. 판소리까지 영역을 넓힐 예정이다.

또 나의 버킷리스트의 하나인 바이올린연주를 위해 악기를 구입했다. <나그네설움>을 멋지게 연주하는 것이 꿈이다. 우리 주변에는 쓸데없이 자만심을 부추기는 사치품들이 많다. 필요 이상의 큰 집, 비싼 차나 옷 등의 과시적인 소비는 돈 없는 사람들 앞에서 우월감을 드러내려는 행동이다. 이제는 아니다. 소소하게 혼자서도 고물고물 잘 놀면 그게 제일이다. 내 멋에 살아야지 남과 비교할 필요가 없다.

젊을 때는 국영수가 중요하지만 은퇴 이후에는 예체능이 중요하다는 말이 있다.

비록 조금의 비용이 들더라도 다채로운 취미생활을 개발해 놓아야 한다. 대부분 초기비용이 들어가서 그렇지 끈기를 가지고 노력하면 얼마든지 멋진 노후를 보낼 수 있다.

한 살이라도 젊었을 때 배우고 익혀야 취미생활이 풍족해 진다.

그래도 돈이 문제인가? 실제로 지출에 조금만 신경을 쓰면 경비를 상당히 줄일 수 있다. 노후 좀 들어가는 여가비용에 너무 인색하지 말자. 병원에 가져다주는 셈치고 지출하면 아깝지 않다.

멋진 여가생활을 누리다가 후회 없이 이 땅을 떠나고 싶다.

끊을 수 없는 취미,
독서

책의 날(4월 23일)에 느끼는 단상

4월 23일은 유네스코가 정한 '세계 책과 저작권의 날', 즉 '책의 날'이다. 인류문명의 발전에 기여한 공로로 책을 빼놓을 수는 없을 것이다. 그런데 2019년에 실시한 우리나라 국민독서 실태조사에 의하면 1년에 책 1권이라도 읽은 사람이 전체의 반이 좀 넘는 52.1%이고 이를 크게 괘념치 않는다는 사람의 비율도 늘어난다고 한다. 참으로 걱정스러운 결과이다. 요즘 스마트폰이 우리 몸의 한 부분이 되어 대부분의 정보를 얻고 있지만 책은 그 나름대로의 역할이 있다. 이를테면 책은 깊이 있는 사고력을 키워주고 배움의 기쁨을 느끼게 해준다. 이런 의미에서 책다운 책을 펴내고 싶은 사람들이 아직도 많이 있다. 그런데 이를 행동으로 옮기기가 쉽지 않다. 당장 발간 이후 판매 부수가 초라할 경우 그 비용을 감당해 내기 어렵기 때문이다. 그렇지만 책은 계속 발간되어야 한다. 그 이유들 가운데 독서력과 경제발전이 상관관계가 있다고 한다. 또한 선진국일수록 책을 읽는 사람이 많다고 한다. 나는 늘 책과 살아온 지난날처럼 앞으로도 책을 친구삼아 함께 걸어 갈 것이다. 아울러 힘든 인생길을 걸어가는 사람들에게 한 잔의 마중물이라도 부어 주고 싶은 심정으로 글을 계속 쓰고자 한다.

독서는 내 삶의 일부분이다

이번 달에도 YES24를 통해 읽고 싶은 책을 구입했다. 코로나19로 인해 연금 이외에는 별도의 수입이 끊어졌지만 오늘은 책상에 책을 수북이 쌓아 놓으니 부자가 된 기분이다. 책읽기만큼 좋아하는 골프와 비교한다면 한 번 라운딩 하는데 드는 비용의 반 정도에 조금만 보탠다면 열권 이상의 책을 살 수 있다.

요즘 오프라인 강의를 못하다보니 책을 쓰는 사람이 많아졌다고 한다. 나도 빨리 쓴 글을 정리해서 책을 내고 싶지만 그래도 독서를 멈출 수 없다. 좀 더 내실 있게 나만의 글을 쓰고 싶기 때문이다.

책을 읽고 있으면 혼자 있어도 너무 시간이 잘 간다. 언택트시대를 맞이하여 혼자서도 고물고물 잘 놀아야하고 특히 책이나 동영상을 통해 소통하는 것이 무엇보다 중요하게 되었다. 좋은 책을 쓰기 위해서는 좋은 책을 많이 읽어야 한다. 특히, 이번에 내가 좋아하는 댄싱에 관한 책을 구입했다. 사교댄스를 넘어 라틴, 모던댄싱을 하다 보니 댄싱이야말로 노년에 꼭 필요한 취미라고 느껴졌다. 이론적인 면과 실제적인 면을 잘 조화시켜 멋진 댄싱을 계속 하고 싶다.

한편, 자꾸만 책을 내야겠다는 욕심이 앞선다. 그래도 너무 조급할 필요는 없다. 독서를 통해 내면의 그릇을 더 크게 만들어 가다보면 내게도 이 사회를 위해 무엇인가를 기여할 수 있는 기회가 꼭 오리라 믿는다.

오카리나,
맑고 청아한 매력에 빠지다

오카리나는 흙을 빚어 가마에서 구워낸 도자기형 취주악기 즉, 불어서 연주하는 악기이다. 토기 형태의 피리는 아주 오래 전부터 존재하였으나 현대의 오카리나 형태는 19세기 이탈리아의 부드리오 출신 주세페 도나티(Giuseppe Danati ; 1836~1925)에 의해 고안되었다.

작은 거위라는 뜻을 가지고 있다. 흙을 주재료로 하여 나무, 플라스틱, 유리, 금속, 뼈, 세라믹 등 다양한 재료를 활용하여 제작된다.

연주자는 양손으로 악기를 쥐고 취구 부위에 입으로 바람을 불어넣어 소리를 내는데 이때 악기에 있는 구멍을 손가락 끝으로 막거나 열어주어 음정을 표현한다. 관악기를 연주할 때 혀를 사용하여 연주하는 '텅잉(tonguing)' 기법을 사용한다. 오카리나는 한 손에 쏙 들어오는 친환경적인 악기이다.

오카리나는 5만원 내외의 저렴한 가격으로 구입할 수 있으며 소리가 맑고 청아해서 금방 친해질 수 있는 악기이다. 생활악기 하나쯤 배워두고 싶은 분들에게 딱 맞다. 음악에 대한 깊은 조예가 그다지 없어도 쉽게 접근할 수 있다. 초등학교에서는 저학년에서부터 배우기 시작하고 있다. 요즘 복지관이나 문화센터, 유튜브를 통해서 오카리나를 배울 수 있는 기회가 많이 있다.

나는 농협대학에서 학생들의 동아리 반에 참가하여 지도교수 겸 학생으로 참여했었다. 처음에는 호흡법이 어려웠다. 충분히 호흡을 들여 마시고 천천히 텅잉을 하며 내리쉬어야 한다. 나중에는 복식호흡이 되어 건강에도 많은 도움이 되었다.

또한 올바른 소리를 내기위해 손가락을 정확히 구멍에 누르고 떼야 하는데 이게 쉽지 않았다. 연습에 연습을 거듭한 끝에 이것도 곧 숙달되었다. 축제 때에는 소프라노, 알토, 베이스 오카리나를 합주하여 큰 박수를 받기도 하였다.

오카리나는 각종 행사에 유용하게 사용되고 대외 강의 시에도 한 두곡을 연주하면 분위기가 달라진다. 교회 예배 시에도 뜻을 담아 찬송가를 연주할 수 있다. 일본 유학 시 대학의 축제나 공민관 행사 시 일본의 동요 모모타로상(桃太郎さん)과 우리나라 전통 민요인 아리랑을 연주하여 호평을 받았다.

은퇴 이후 부담 없이 악기 하나 배워두고 싶은 분들에게 적극적으로 추천하고 싶다. 혼자서도 소소한 행복을 느낄 수 있고 정서적인 안정도 찾을 수 있기 때문이다.

색소폰의 독특한 매력

 "1인 1악기 시대"라는 말이 생겼다. 특히, 은퇴한 베이비부머들에게 악기 하나 정도는 꼭 필요하다고 생각한다. 여러 악기 가운데 색소폰을 권하는 사람이 많다. 이 악기를 처음 만든 사람이 트럼펫과 클라리넷의 중간소리를 내기 위해 만들어서 약간 정통음악에는 애매할 수도 있지만 특유의 감미로운 음색과 강렬함은 그 어떤 악기도 흉내를 내지 못한다.
 나는 8년 전에 인근 교회의 문화센터에서 색소폰을 처음으로 접했다. 그 이후, 네 분의 선생님을 거쳐 지금까지 즐겁게 연주하고 있다. 색소폰에 관심을 가진 분들에게 내 얘기가 참고가 되었으면 좋겠다.

우선 색소폰의 매력을 더 살펴보자.

첫째, 외관이 멋지다.

둘째, 음색이 매우 개성이 있다. 중후하고 부드럽다.

셋째, 색소폰은 연주할 때 복식호흡을 사용하게 되면서 심폐기능의 향상과 함께 긍정적인 기운의 호르몬 분비에도 효과적이다.

색소폰 연습실에서 만난 몇 분의 소감이다. 한 분은 은퇴 이후 재미없게 지내오다가 색소폰을 통해 인생의 고단함을 달래고 잃어버린 낭만을 되찾았다. 또 한 분은 골프를 취미생활로 했는데 색소폰을 하고 나서부터는 골프를 완전히 끊었다. 이 외에도 색소폰의 매력에 푹 빠져 지내는 사람들이 많다.

한편, 색소폰의 단점을 몇 가지 들 수 있다.

첫째, 악기 특성상 올바른 소리를 내기까지의 과정이 다소 힘들다는 것이다. 적어도 1년 정도 꾸준히 노력해야 어느 정도 소리를 낼 수 있다.

둘째, 소리가 커서 아파트나 단독에서는 연주할 수 없다. 색소폰 연습실을 찾아 가야한다.

셋째, 초기 악기 구입 비용이 비싼 편이다. 평균 1백만 원 내외의 비용이 들고 반주기도 백만 원 정도가 들어간다. 처음 시작할 때에는 레슨비도 한 달에 이십만 원 정도 소요된다. 동호회 연습실 사용 비용도 한 달에 6~7만 원의 회비가 지출된다. 초기 비용이 좀 들어가기는 하지만 그만한 대가는 뽑을 수 있다.

이러한 단점에도 불구하고 색소폰은 일정한 기간만 지나면 혼자서도 서너 시간은 즐겁게 보낼 수 있는 매력적인 악기이다. 내 경우 대중 강의를 할 때 한 두곡 연주하면 분위기가 살아난다. 교회예배 시에도 은혜스럽게도 특별연주를 할 수 있다.

색소폰은 언텍트시대에 혼자서도 고물고물 잘 지낼 수 있는 악기 친구이다. 기나긴 여생을 보내야하는 베이비부머들에게 색소폰을 자신 있게 추천하고 싶다.

기타(guitar)와 일본어

　기타와 일본어는 닮은 점이 많다. 하나는 악기고 하나는 외국어인데 무슨 얘기인가 싶을 것이다. 다름 아닌 두 가지 모두 배우기가 어렵다는 것이다. "웃고 들어갔다가 울고 나온다"는 말과 같이 끝이 없는 길을 걸어야 조그만 열매를 거둘 수 있기 때문이다. 대개 처음에는 기분 좋게 시작한다. 한데 얼마가지 못해 이내 포기하는 경우가 많다. 나도 그랬다.
　먼저 현악기의 하나인 기타(guitar)에 대한 얘기이다. 기타는 여섯 개의 줄을 매어 왼손 손가락으로 음정을 고르고 오른손 손가락으로 줄을 튕겨 연주한다. 중고교시절 기타를 들고 노래하는 통기타가수들이 많았었다. 그때 기타를 배우고 싶은 생각이 굴뚝같았었다. 그런데 여러 가지 사유로 차일피일 미루다가 직장인 농협에 들어와 동대문 시외버스터미널 근처에 있는 기타학원을 처음으로 찾았었다. 코드와 반주연습을 나름대로 열심히 했지만 이내 그만두고 말았다. 그 후 한참 시간이 흐른 후 대학교수 시절에 학원 문을 두드렸다. 젊은 선생에게 차근차근 배워나갔다. 여기서도 느린 진도에 지쳐 포기하고 말았다.

또 시간이 흐른 후, 매주 토요일 저녁에 두 시간에 걸쳐 가르치는 동네 교회문화센터의 기타교실에 등록했다. 젊은 직장인들과 함께 흥미진진한 시간을 보냈다. 약 4년에 걸쳐 꾸준히 노력한 결과 눈에 띠게 실력이 늘었다. 이젠 선생이 가르치지 않아도 혼자 연습할 수 있는 단계로까지 발전했다. 일본에서 혼자 지낼 때, 외로움을 달래는 악기 친구였다.

시골 고향에 내려갈 때에도, 기타를 꼭 차에 싣고 간다. 적적한 시간에 기타연주를 하면 시간가는 줄 모르기 때문이다. 유명한 기타 연주가의 말이 생각난다. 자기는 매일 연습하는데 어떤 땐 단 5분이라도 기타를 만지고 다른 일을 한다고 한다. 새겨들어야 할 말이다. 나도 내 연구실 책상 옆에 늘 기타를 세워두고 있다. 언제나 기타를 연주하기 위해서이다. 앞으로도 기타는 내 분신으로서 주욱 함께할 것이다.

그리고 일본어에 대해 가감 없이 얘기해보자. 영어를 제외한 제2외국어로 일본어를 택하는 사람이 많다. 일본어는 우리말과 어순이 같고 비슷한 말도 많이 있다. 무엇보다 한자(漢字)를 쓰고 있어 말은 잘 못하지만 어느 정도 이해할 수 있어 친근하게 느껴진다. 처음 일본어를 대한 것은 삼십대 때 직장에서 휴식시간을 이용하여 일본어를 배울 수 있는 기회가 있었다. 젊고 예쁜 일본어 여선생을 보기 위해 열심히도 다녔었다.

처음에는 재미를 붙였으나 목표 없이 하다 보니 길게 이어지지 못했다. 그 이후 대학원 박사과정을 밟으면서 일본어를 다시 잡게 되었다. 이 때에는 논문 제출에 앞서 통과해야하는 과목이었기에 정말 열심히 공부했다. 졸업 이후 또 손을 놓고 말았다. 해도 해도 끝이 보이지 않는 망망한 바다를 항해하는 느낌이랄까.

정년퇴직 이후 악기 하나와 외국어는 필수적으로 해야 한다는 은퇴전문 서적을 읽고 다시 한 번 일본어를 접했다. 재미를 잃지 않기 위해 JTV, NHK TV, chW를 시청하고 문법책도 다시 사서 처음부터 시작했다. 그러다가 일본 동경학예대학(東京學藝大學)의 초청을 받아 일본 땅에서 공부할 수 있는 기회를 잡았다.

외국어는 현지에 가서 배워야 실력이 는다는 말이 있다. 맞는 말이다. 우선 생활 속에서 꼭 알아야할 말이 저절로 익혀졌다. 혼자 1년간 지내면서 외롭고 힘들었지만 일본어를 공부하는데 더 없이 좋은 기회가 되었다.

귀국 이후 한일관계가 악화되어 일본에 가보지 못했다. 그래도 현지에 있을 때와 마찬가지로 하루 일과 중에 일본어 공부가 차지하는 비중이 제일 높다. 미우라 아야꼬의 그 유명한 소설 '빙점'을 비롯하여 일본 서적을 한글판과 비교하여 읽었다. 도쿄 온누리교회 주일 설교도 직접 들을 수 있었다.

그래도 아직 멀었다. 생활 속에 일본어를 늘 같이하지 않으면 또 말짱 도루묵이 되리라. 앞으로 적어도 5년간 즉 만 칠십이 되는 날까지 집중적으로 공부해 나갈 생각이다. 그러면 어느 정도의 실력이 쌓여

한일 간 우의(友誼)와 협력을 증진하는데 조그만 역할을 수행할 수 있으리라 믿는다.

이렇듯 기타와 일본어는 둘 다 어렵고 기나긴 인내의 세월을 견뎌내야하는 공통점을 가지고 있다. 하기야 세상 그 무엇이 쉽겠는가만은 그 어떤 것도 열매를 맺기까지 적잖은 노력이 필요하다.

은퇴 이후의 삶은 혼자서 지내는 시간이 많다. 늘 하는 얘기이지만 혼자서도 고물고물 잘 놀아야 시간이 지루하지 않다. 기타와 일본어는 이런 의미에서 꼭 필요한 생활의 필수품이다. 물론 골프, 테니스, 댄싱 등 운동과 색소폰, 오카리나, 장구 등도 여가를 풍부하게 하지만 인간이 태어나 세상 모든 것을 다 잘 할 수는 없다. 하지만 자기취향에 맞고 꾸준히 할 수 있는 취미나 공부가 있다면 행복의 한 요소를 쟁취한 것으로 생각한다.

"성공은 결과가 아니라 과정이다. 성공은 미리 설정한 가치 있는 목표를 점진적으로 실현해가는 과정이다." 폴 마이어의 말이다. 과정 속에 이미 성공이 있고 행복이 있다는 말이다. 백 번 천 번 지당하신 말씀이다. 오늘도 집을 나서면서 일본어 회화를 듣고 있다. 산길에서도 지하철에서도 쉼 없이 듣고 또 듣는다. 방송청취를 하면서 재미를 느낀다. 기타연주와 더불어.

끝까지 가보면 나만이 느낄 수 있는 기쁨의 순간이 기다리고 있을 것이라 믿으면서.

가수(歌手)의 꿈, 아직도 유효하다

가수는 노래 부르는 것이 직업인 사람이다.

내가 어렸을 때에는 딴따라라고 해서 절대 해서는 안 되는 직업으로 여겼었다. 그런데 스무 살 즈음에 난 가수가 되고 싶었다. 혈서까지 쓰고 단단히 다짐을 했었다.

이렇게 마음먹은 데에는 이유가 있었다. 중고교시절 음악은 내가 제일 좋아하는 과목이었다. 선생님은 새로운 곡을 피아노로 연습시킨 후 "누구 나와서 한 번 불러 볼 사람"하고 꼭 말씀하셨다.

한참을 기다려도 나오는 학생이 없으면 꼭 나를 지정하셨다. 가창력과 음악성이 있다며 선생님은 칭찬을 거듭하셨다. 음대를 가도 되겠다고 희망을 불어 넣어 주셨다.

그러나 고등학교를 졸업할 즈음에 집안 형편이 어려워 포기하고 말았다. 대신에 트롯가수가 되고 싶었다. 주위 사람들이 외모로 보나 노래실력으로 보나 승산이 있으니 한 번 도전해 보라는 충동질도 있었다.

하지만 이것도 이내 포기하고 말았다. 당시 가수가 되려면 상당액의 돈이 있어야 했는데 가난했던지라 꿈을 포기할 수밖에 없었다. 그 이후, 돈을 벌어야 했기에 일찍 은행에 취업을 했었다. 그 당시에는 은행원에 대한 대우가 너무 좋았다. 다른데 눈길을 주지 못했다.

세월이 흘러 근 40년간 근무를 하고 퇴직을 하게 되었다. 돌이켜보니 그래도 순간순간 음악에 대한 소질을 저버리지 않도록 노력해 온 것 같다.

평소 장르를 구분하지 않고 좋아했다. 가곡도 좋아하고 특히 우리 민요나 판소리까지 흥얼대며 지냈다. 가끔 친구들과 노래방에 가서 몇 곡을 부르면 가수 뺨친다고 박수를 쳐주었다. 다니던 교회에서도 특송을 하면 많은 교인들이 은혜를 받았다며 앵콜을 요청하였다. 사십대 초반에는 국립국악원 단기 양성반에서 장구와 민요, 판소리까지 배우는 열성을 보였다. 당시 지도 선생님은 소질이 있다며 계속 해보라는 권유까지 있었다.

음악을 좋아하다보니 부르는 것뿐만 아니라 악기를 연주하는 것도 소중한 취미로 자리 잡았다. 피아노는 입문단계에서 그쳤지만 색소폰, 기타, 오카리나 등은 혼자서 즐길 수 있는 수준까지 연주 실력을 키웠다.

공부하다 기타를 치며 노래 부르는 시간이 즐겁다. 색소폰은 반주기를 이용하여 연주하다보면 서너 시간은 후딱 지나간다. 오카리나는 청아한 소리에 매료된다. '그리운 금강산'을 연주하면 그렇게 좋을 수 없다.

내가 좋아하는 TV 프로그램가운데 3가지를 꼽자면 동물의 세계, 가요무대, 국악한마당을 들 수 있다. 요즘 뜨고 있는 트롯을 듣는 것도 좋아한다. 우리 가요와 비슷한 일본의 대중음악인 엔카도 좋아한다.

늘그막에 웬 가수타령이냐고 할지 모르지만 내겐 이렇듯 사연이 있다. 대중가요 가수의 길은 좀 늦은 감이 있다. 하지만 경기민요를 비롯하여 우리 민요와 판소리는 아직 늦지 않았다고 생각한다. 장구 치며 민요를 구성지게 부르는 민요가수도 될 수 있다.

그동안 살아온 인생길을 뒤돌아보며 깊이 있는 소리를 낼 수 있을 것이다. 무엇보다 내 몸속에 꿈틀거리는 음악에 대한 마그마를 분출하고 싶은 것이다. 그것은 살아생전에 꼭 이루고 싶은 내 버킷리스트의 하나이다.

그래서 그 꿈은 아직도 유효하다.

운동이 마냥 좋은 것은 아니지만 그래도 해야 한다

운동에 대한 이야기이다.

사계절 가운데 청명한 가을을 맞이하면 평소에 운동을 게을리 한 사람도 산으로 들로 나들이를 한다. 적당하게 한다면 우리 몸에 이보다 더 좋은 보약이 없으리라 생각한다. 내 경우 아침에 일찍 일어나 국선도체조를 시작으로 테니스장에 나가 즐겁게 게임을 한 지가 어언 사십년이 넘었다. 테니스는 재미있을 뿐만 아니라 하루 중 각종 스트레스를 막아주는 방풍 역할을 충분히 한다.

걷기, 등산, 자전거 라이딩, 댄싱도 내가 즐기는 운동이다. 그런데 날씨가 다소 쌀쌀한 경우, 넉넉하게 준비운동을 하고 난 후 해야지 자칫하면 부작용이 일어날 수도 있다. 만사가 그러하듯 무리하면 안 된다. 평소 운동하지 않다가 갑자기 하면 탈이 나기 마련이다.

운동은 건강하게 오래 사는 건강수명을 늘리는데 꼭 필요한 요소이다. 겨울철에도 움츠리지 말고 자기에 맞는 운동을 계속 해야 한다. 하루 종일 병원 침대에서 누워 지내지 않으려면 부지런히 움직여야 한다. 그렇다. 우리 인간은 움직여야 산다. 움직여야 건강한 미래가 보장된다.

등산,
정상에 오르는 짜릿한 매력

북한산 백운대 정상에 오르다.

참으로 오랜만에 북한산을 등반했다. 고촌테니스 동호회 친구 2명과 나 셋이서 출발했다. 비가 온 뒤라 쾌청한 날씨였지만 간혹 안개가 끼였다. 아침 일찍(5시 30분), 집을 출발하여 장장 5시간여에 걸친 강행군이었다. 만보기에는 3만보가 넘는 수치가 나왔다. 중간에 일행과 떨어져 길을 잘못 들어가 계곡을 헤매기도 했지만 능선에서 만나 정상을 향했다.

바위로 뒤덮인 악산 중에 악산을 오르다보니 순간순간 위험을 느끼기도 했다. 백운대를 오르는 곳곳에 철조망을 쳐서 위험을 방지하고 있지만 아래를 쳐다보니 아찔했다. 그래도 기어코 정상에 올랐다. 가져간 막걸리 한 잔에 목을 축이며 아직도 건재한 내 두 다리를 어루만져 주었다. 집에 돌아와 샤워를 끝내니 성취감에 마음이 뿌듯하다. 그래, 천천히 쉬지 않고 걸어가면 아직도 무언가를 이룰 수 있다. 다만, 오늘의 북한산이 그러했듯이 겸손한 마음으로 한 발 한 발 내딛어야 정상에 도달할 수 있음을 피부로 느꼈다.

서울 둘레길 1-1 코스 완주

1호선 도봉산역에서 내려 한참을 헤매다가 서울 둘레길 입구를 찾았다. 서울 둘레길은 8코스로 나뉘고 길이가 157 km나 된다고 한다. 1코스는 수락산과 불암산을 통과하는 18.6km 이다. 이 코스를 흔히 둘로 나누는데 1-1코스는 도봉산역에서 당고개공원 갈림길까지로 6.4km이고 1-2코스는 당고개공원 갈림길에서 화랑대역으로 이어진 12.2km 구간을 말한다.

오늘은 1-1코스를 완주했다. 걸은 거리는 약 7km 정도로 얼마 되지 않는다. 걸음수가 2만보, 소요시간이 3시간 반 정도가 되었으니 딱 좋은 코스이다.

그런데 계곡을 오르고 내리는 길이 많아 꽤 힘들었다. 보통 둘레길이라면 평평한 길을 생각할 텐데 정반대이다. 거의 등산하는 거나 별반 차이가 없었다. 코스길을 찾아가도록 빨간 리본을 나무에 달아 큰 어려움은 없었다. 그런데 한 가지 아쉬웠던 점은 방향은 그런대로 잘 표시했으나 남은 거리를 적지 않아 궁금증을 자아내게 했다. 구청 담당자들이 이런 점도 세심하게 신경을 써주었으면 좋겠다.

이제 첫 발을 내디뎠다. 욕심 같아선 서울 둘레길을 모조리 다 정복하고 싶다. 길을 걸으면서 인생의 깊이를 생각할 수 있는 좋은 기회가 되었다. 잠시 책을 미뤄놓고 자연과 친해지는 시간을 보내고 오니 절로 힘이 생긴다. 지공도사 인지라 지하철이나 공항철도 모두 공짜라 미안한 기분도 있지만 한편으론 늙어가는 기분이 들어 좀 씁쓸했다. 그래, 걸을 수 있을 때에 걷자. 산으로 들로. 행복이 샘솟는 둘레길이 되기를 바라면서...

인천 계양산에 오르다

가랑비가 내리는 토요일 아침이다. 우선 늘 하던 대로 뒷산 당산미에 올라 여러 가지 운동으로 몸을 풀었다. 테니스 동료회원이 여러 번 추천해줘서 오늘 큰 맘 먹고 인천 계양산 쪽으로 차를 몰았다.

김포 고촌에서 약 7km 거리로 바로 인근에 있는 산이다. 계양산은 높이가 395m 이기는 하지만 강화도를 제외한 인천광역시에서 가장 높다. 계단이 많다는 얘기는 들어서 익히 알고 있었는데 정말 많아도 너무 많았다. 오죽하면 계양산을 계단산이라 했겠는가.

코로나19 조치가 내일까지 2.5단계로 격상되어 당국은 외출을 자제토록 외치지만 토요일이라 그런지 등산객이 생각보다 많았다. 돌계단을 한 계단 한 계단 올라가면서 꽤 힘들었다. 지난 세월을 돌이켜보니 초등학교 이래 그 수많은 인생시험계단을 용케도 잘 이기고 올라갔었다.

정상에 올라 마냥 눌러 앉아 있을 수 없다. 내려와야 한다. 비가 약간 내리고 있어 하산길이 더 어려웠다. 조심조심 내디뎌 드디어 주차장까지 잘 올 수 있었다. 왕복 약 2시간 정도가 걸렸다.

짧은 거리였지만 배운게 많았다. 하산 길도 이모저모로 조심 조심 해야했듯이 인생 하산 길에 접어든 내가 더욱 신중하게 걸어가야겠다는 다짐을 해본다.

다시 책상에 앉으니 힘이 샘솟는다.

인생의 오르막길과 내리막길

　코로나19 바이러스 때문에 집에만 있는 시간이 늘어간다. 매일 아침 어김없이 동네 테니스장에서 운동을 했었는데 폐쇄되어 일상이 바뀌었다. 한 달 전부터는 하는 수 없이 뒷산을 오르기 시작했다. 1시간여 소요되어 큰 무리가 없고 운동기구까지 있어 일석이조의 효과를 거둘 수 있다.

　야트막한 산 당산미 정상에 오르면 서울, 일산, 인천까지 훤히 내다보인다. 여기서 그 옛날 교육원 교수시절 체육담당의 기질을 발휘하여 국민체조를 순서에 맞게 실시한다. 그리고 왈츠를 비롯 댄스동작을 혼자서 익힌다. 겸해서 아이언으로 실전처럼 골프연습을 한다. 이윽고 능선을 돌아 내려오면 각종 운동기구가 기다리고 있다. 허리돌리기부터 거꾸리까지 일곱 여덟까지 운동을 하면 아침운동이 끝나고 자전거로 귀가한다.

　한 가지 빼놓을 수 없는 것은 이동하면서 스마트폰을 이용하여 일본어회화 공부를 한다는 것이다. 덕분에 일본어 실력이 늘어났다. 자투리시간을 이용하여 쌓이고 쌓인 덕분이다. 지하철을 이용할 때에도 마찬가지이다.

　오늘은 산에 오르고 내려오면서 인생길이 생각났다. 요 며칠 비가 와서 그런지 내리막길이 미끄러워 조심조심 발걸음을 내디뎌야 했다. 세상에서 어떤 목표를 정하고 도전해서 큰 성공을 거두었다면 어느 시기에 겸손한 마음으로 조용히 내려와야 한다. 그런데 자만심에 빠져 세상을 우습게 여기는 사람들을 여럿 볼 수 있다.

　어느 누구도 정상에서 영원히 머물 수는 없다. 때가 되면 다 놓고 내려와야 한다. 돈도 명예도 지위도 권력도 모두 내려놓고 하산해야 한다. 그래서 하산 길이 더 어려운가 보다. 인생 백세 시대에 본격적인 하산 길에 접어든 것은 아니지만 서서히 내려갈 준비를 해야 할 나이가 됐다. 큰 욕심을 부리지 말고 이제 막 산에 오르는 젊은이들에게 용기를 불어넣을 수 있는 중늙은이가 되고 싶다.

걷는 것을 멈추면 인생도 스톱이다

여러 운동가운데 걷는 것만큼 좋은 것이 없다고 한다. 우선 값비싼 장비가 필요한 것이 아니고 다른 운동에 비해 돈도 들지 않는다. 요즘은 스마트폰 안에 만보기앱을 깔아 하루 걸음수를 스스로 잴 수 있다. 나는 매일 아침 산행으로 걷기를 시작하는데 얕은 산이라 왕복 6천보 가량 된다. 만보에서 부족한 부분은 지하철을 이용하거나 가까운 거리는 걸음으로써 채운다. 문제는 매일 매일 꾸준히 해야 하는데 이것이 어렵다. 아침산행 때마다 느끼는 것이지만 만나는 사람만 늘 그 장소에서 만난다. 하루만 보이지 않아도 염려가 된다.

비가 오나 눈이 오나 일편단심 걷기를 한다면 일단 건강수명은 보장받았다고 하겠다. 그러기에 걷기는 만병통치약 이라고도 한다. 운동 후 샤워를 끝내고 하루를 시작하면 가뿐하고 상쾌하다. 현직이라면 업무에 대한 생산성이 올라갈 것이다. 이 땅을 떠나는 그 순간까지 땅을 내딛을 수만 있다면 이 또한 성공한 인생이라 할 수 있겠다.

걷기는 일단 벌떡 일어나 집 대문을 박차고 나오는 것이 중요하다. 괴로울 때나 즐거울 때나. 걷다보면 온갖 상심은 다 없어지고 산속의 상쾌한 공기를 마시다보면 어느새 행복모드로 바뀐다. 게으름을 피우다가 늘 병원신세를 지지 말고 열심히 걷기를 추천한다. 병원비를 아껴 돈도 벌고 건강한 육체를 유지할 수 있으니 그야말로 일거양득이다.

걷기는 멋지게 늙어가는 여러 가지 삶의 기술 가운데 앞 순위에 넣어야할 중요한 요소이다. 오늘도 내일도 날마다 걷자. 걸으면 복이 따블로 오기 때문이다.

아라뱃길 종주
자전거 라이딩을 다녀오다

    지긋지긋하게 내리던 장마철 비도 잠시 멈추었다. 이른 아침에 늘 하던 대로 자전거도 타고, 테니스장에서 세 게임도 하고 왔다. 이 정도의 운동으로 충분한데 오후에 자전거 라이딩을 간다고 해서 흔쾌히 동의했다.

    비가 올 듯 말 듯 날씨라 라이딩 하기에 최적이었다. 평소 읍내 이동이나 테니스장, 주말농장에 갈 때 자전거를 이용하고 가끔 한강주변을 돌곤 했지만 오늘같이 본격적인 라이딩은 사실 처음이었다. 일본 도쿄에서 지냈을 때 자전거는 생활필수품이었다. 남녀노소를 불문하고 자전거를 이용하는 모습을 보고 적잖이 놀랬었다. 교통비가 비싸기도 하지만 그들의 검소한 생활은 본받을 점이 많았다. 오늘은 국토종주를 준비하고 있는 고촌테니스 두 친구들과 같이 하는 길이라 초보자로서 좀 염려가 되었다.

아라뱃길은 김포와 인천의 뱃길을 연결하는 경인운하 양쪽 길이다. 왕복 약 50km 정도로 약 2시간이 걸린다. 걷기에도 좋은 길이지만 자전거 전용도로가 잘 갖춰져 있어 라이딩 하기에 최적의 코스이다. 평일인데도 오가는 라이딩족들을 흔치않게 만날 수 있었다. 자전거는 하체를 단련하기에 딱 좋은 운동이다. 더불어 주위 경치를 볼 기회도 많고 오가는 길에 맛집들이 군데군데 있어 입도 즐겁게 할 수 있다.

자전거 라이딩을 제대로 하려면 준비물이 꽤 많다. 우선 자전거 자체를 철저하게 점검해야 한다. 그리고 부수적으로 갖춰야 할 것도 있다. 헬멧, 장갑, 거치대, 얼굴막이, 선글라스, 물, 간편 먹거리 등을 꼼꼼하게 챙길 필요가 있다. 자전거는 그 값이 천차만별이다. 비싼 것은 수천만 원에 이른다고 한다. 가볍고 튼튼할수록 그 값이 올라간다고 한다. 내 자전거는 8년 전 5십만 원 정도 들어갔다. 가정용 수준이지만 웬만한 거리는 달리는데 아무런 문제가 없다. 마니아가 아니라면 이 정도 수준부터 시작하는 것도 좋으리라 생각한다.

이제 또 하나의 본격적인 취미가 생겼다. 테니스, 골프, 스포츠댄싱, 등산 등과 함께 자전거 라이딩도 당당히 한 자리를 차지했다. 여기에 색소폰, 기타, 오카리나, 민요, 판소리 등은 인생 2모작의 삶의 질을 풍요롭게 하고 있다. 건강하게 오래 사는 것은 모든 이들의 꿈이자 소망이다. 이후로 4대강을 잇는 길을 비롯하여 전국의 명 코스를 서서히 정복해 나가야겠다.

"다리근육이 노인들의 건강 바로미터가 된다"는 말이 있다. 자전거 라이딩 이야말로 제격이다. 꾸준히 연마하여 자전거 마니아가 되고 싶다.

드라마 같은 야구
믿을 수 없는 야구

    나는 야구를 참 좋아한다. 초등학교 시절, 정식 야구선수로 뛴 경험도 있지만 보는 야구도 너무 좋아한다. 한때는 동대문운동장을 내 집처럼 드나들며 모교가 경기할 때에는 앞에 나가 응원단장을 자처하곤 했다.

    야구시즌에 접어들면 내가 응원하는 팀의 경기를 보기위해 일찌감치 TV 앞에 앉는다. 보통 서너 시간은 족히 걸린다. 아니 어떨 땐 너댓 시간도 족히 걸릴 때가 있다. 그렇지만 중간에 끊을 수가 없다. "야구는 9회 말 투아웃부터"라는 말도 있듯이 끝날 때까지 끝난 것이 아니기 때문이다. (It ain't over till it's over.) 어제(2020.7.28) 부산 사직구장에서 열린 1위 NC 다이노스 와 8위 롯데 자이언츠 경기에서 이변이 일어났다. 결과부터 얘기하면 롯데가 11 : 9 로 이겼다. 7회 8 : 4 로 뒤지던 NC 가 만루찬스를 맞이했다.

이때, 노진혁 선수가 그랜드 슬램을 달성하여 삽시간에 동점이 되었다. 비가 계속 내리는 가운데 9회 초에 노진혁 선수가 또 홈런을 때렸다. 약간 높게 들어온 볼성 타구를 그대로 찍는 듯이 때려 우측 담장을 넘겼다. 이때까지만 해도 NC가 역전승을 했구나 생각했다. 또다시 내리는 거센 비로 인해 73분이 지나 게임이 다시 속개되었다.

그런데 드라마 같은 일이 벌어졌다. 안타, 4구로 1,2루에 나가 있는 찬스에서 롯데 정훈 선수가 다부진 모습으로 타석에 들어섰다. 이때가 밤 11시 30분이 넘은 시각이라 최초로 입장이 허용된 일부 관중들도 운동장을 거의 빠져나간 상태였다.

이때 마무리 투수, 원종현의 강속구를 강하게 받아쳐 좌측 담장을 넘기는 큼지막한 끝내기 스리런 홈런을 날렸다. 이승엽 해설위원은 "믿을 수 없는 일이 일어났다"라고, 이순철 해설위원은 "드라마도 이렇게는 못 쓴다"라고 평을 내렸다. 최근 두 팀은 지역 라이벌로서 만날 때마다 우열을 가리기 힘든 경기를 펼치고 있다. 지기는 했지만 NC 다이노스는 현재 전체 순위 1위를 달리고 있는 막강한 팀이다. 연타석 홈런을 때린 노진혁 선수가 빛을 바랬지만 대단한 활약을 펼쳤다.

야구와 인생은 똑같다.

끝까지 가봐야 알기 때문이다.

댄스
그리고
콜라텍 예찬

우리네 가슴에 고정관념으로 남아 있는 것이 많이 있다. 그 중에 하나, "댄스를 하면 바람이 나니 절대 해서는 안 된다"는 것이 있다. 참으로 시대정신에도 뒤떨어지고 문화적(?)으로도 한 참 뒤쳐지는 분들의 넋두리로 생각된다.

돌이켜보니 사실 나도 남들보다 깨인 사람이라 자부했는데 겨우 40대 후반에야 댄싱이 음악과 운동이 결합된 종합예술이라는 것을 깨달았다. 특히, 춤은 남녀가 서로 호흡을 맞춰야하기 때문에 배려가 우선이다. 웃는 얼굴로 감사하는 마음으로 스텝을 밟아야 스트레스도 해소되고 운동이 되는 것이다. 한 마디로 신사적인 스포츠이다.

"춤은 노후의 보험이다"라는 말이 있다. 전적으로 동의하고 싶다. 인근의 복지관이나 동사무소 문화센터를 방문해 보시라. 가장 인기 있는 반이 사교댄스반과 스포츠댄스반이라고 한다. 대부분 정년퇴직 이후 무료해서 배우려고 오는 중늙은이가 많다. 아직 늦지는 않았지만 조금 더 일찍 배워둘 걸 하고 후회한다고 한다. 음악에 맞춰 춤을 추다보면 만사를 잊고 시간가는 줄을 모른다.

노년에 춤을 추면 건강과 행복감을 함께 증진시킬 수 있는 것으로 나타났다. 영국 퀸즈 대학교 조나단 스키너 박사는 노인들을 대상으로 사교댄스의 신체적, 정신적, 사회적 효과를 분석한 결과 춤은 질병을 예방하고 노화를 늦추는데 도움을 준다고 밝혔다. 노년을 대비해 사교댄스를 배우는 것은 노년기의 즐겁고 건강한 삶과 더불어 성공적인 노화를 돕는 일이라는 것이다.

"사교댄스는 사회적 고립감을 줄이고 나이가 들어감에 따라 늘어나는 통증을 없애는데 도움을 준다"며 건강하게 장수하도록 돕고 무언가 즐긴다는 기쁨과 관심거리를 제공한다고 한다. 중국은 아침마다 공원에 모여 남녀가 함께 춤을 추고 서양에는 알다시피 춤이 일상화되어 있다.

나는 댄싱에 입문한지 20년이 넘었다. 하지만 지금도 왈츠, 탱고 등을 돈을 주고 배우고 있다. 배워도 배워도 끝이 없는 것이 춤이다. 지르박, 부루스, 도로토 등 사교댄스와 자이브, 룸바, 왈츠, 탱고 등 스포츠댄싱은 나름대로는 잘 춘다고 생각하지만 아직 부족하다. 그래서 끊임없이 배운다.

춤은 바른 자세로 쉬지 않고 연습해야 되는 스포츠이다. 하루라도 멀리 하면 스텝이 꼬이고 자신감을 잃는다. 이제 댄싱은 내게 없어서는 안 될 은퇴 후 취미가 되었다. 아직 제비(?) 수준은 아니지만 어느 누구와도 음악에 맞춰 춤을 출 수 있다. 앞으로도 계속 공부하여 댄스 박사가 되려고 열심히 노력하고 있다.

주위에 만나는 사람마다 댄싱을 권한다. 나이에 상관없이 관심만 가지면 배울 수 있다. 요즘 춤을 출 수 있는 콜라텍의 입장료가 대개 2천 원이다. 음악에 맞춰 한두 시간 운동할 수 있으니 비용도 적게 든다. 주위에 만나는 사람마다 댄싱을 권한다. 다들 하고 싶은 마음은 굴뚝같으나 너무 늦게 시작하여 열매를 맺기가 힘들다. 하지만 늦다고 생각할 때가 제일 빠르다는 말이 있다. 은퇴 후 3~40년간을 생각하면 6, 70대에 배워도 결코 늦지 않다.

코로나 정국에 웬 콜라텍 예찬이냐고 할 지 모르겠다. 이유가 있다. 콜라텍이 노인들의 건강증진과 행복발전소 역할을 충분히 한다고 생각되기 때문이다. 하루빨리 코로나가 종식되기를 바란다. 콜라텍을 애용하는 실버들의 건강증진과 행복을 위하여.

테니스와의 인연 그리고 매력

코로나19 때문에 문을 닫았던 테니스장이 오늘부터 재개되었다. 열었다 닫았다를 몇 번이나 반복했는지 모른다. 폐쇄된 기간 동안은 아침 산행을 쉬지 않았지만 테니스가 몹시 그리웠다.

돌이켜보니 나와 테니스의 인연이 참으로 오랫동안 이어져오고 있다. 열아홉에 농협에 입사한 이후 서울 중앙본부로 발령받아 농협의 여자국가 테니스 대표선수에게 직접 레슨을 받았다. 점심시간이나 근무시간이 끝나고 집중적으로 운동을 했다. 초등학교 시절에 정식 야구선수로 뛴 경험이 있어 쉽게 배워졌다. 하도 친절하고 멋있는 그 코치 선생님과 정이 들어 결혼을 생각하고 집에까지 찾아간 적이 있었다. 그 당시 학력이 짧았던 탓에 부모님들의 수준에 미치지 못해 승낙을 받지 못하고 발길을 돌렸다.

그 이후 가방끈이 짧은 내 단점을 보완하기위해 미친 듯이 공부를 시작했다. 주경야독 끝에 명문 고려대학을 거쳐 경기대학에서 경영학박사 학위를 취득하기에 이르렀다. 농협의 지점장을 역임하고 농협대학의 경영학과 교수로 영전하는 기쁨도 누렸다. 나아가 일본 동경학예대학에 외국인 연구자로서 1년간 유학까지 갔다 오는 영광을 누렸다. 내 인생의 변곡점이자 터닝 포인트가 된 것이다.

이제와 생각하니 내가 여기까지 오게 된 계기가 그녀의 부모님들이 학력부족을 결혼반대로 내세웠는데 오히려 그 일로 인해 상상도 할 수 없는 데에까지 올라갔던 것이다. 결혼까지 이어지지 못했지만 그 이후에도 늘 감사하는 마음으로 지내왔다.

참 아이러니하다. 배우지 못했다고 내 폐부를 찌르는 그 한 마디가 얼마나 가슴이 아팠던지 이를 악물고 공부에 매달렸던 것이다. 이렇듯 테니스는 내 인생의 큰 전환점을 안겨준 인연이었다. 그 이후 동네테니스장에 고정멤버로 가입하여 지금까지 이어져오고 있다. 가끔 직장 내 테니스대회에도 출전하고 지역의 각종 대회에도 나가 우승 상패도 받았다.

주위를 살펴보니 그 당시 같이 즐겼던 동료들이 대부분 테니스를 끊었다. 그 사유는 가지가지이다. 무릎이나 어깨가 나간 사람, 골프에 빠져 아예 테니스와 담을 쌓은 사람 등 다양하다. 사십년 전만 하더라도 하얀 바지에 테니스라켓을 들고 다니면 폼이 났다. 그런데 언제부터인가 테니스장이 줄어들고 동호인들도 많이 떠났다.

하지만 난 아직이다. 아직도 매일 아침 테니스장에 나가는 것이 주요 일과가 되었다. 어떤 때는 내 혼자서 벽치기를 하고 오는 경우도 있다. 오른손잡이인 내가 왼손으로도 연습하다보니 어느새 양손잡이가 되었다. 복식게임에서 양손잡이는 여러모로 유리하다. 아직도 웬만한 실력자들과 게임을 해도 별로 쳐지지 않는다. 테니스는 참 신사적인 운동이다. 서브를 넣을 때 공손하게 인사를 올리고 네트에 볼이 맞고 상대편에 떨어지면 반드시 미안하다고 인사를 건넨다. 스매싱 찬스가 있어도 상대편 선수를 향해서 직접 때리지 않는다. 이외에도 게임 중에는 같은 편 선수에게 훈계나 기분 나쁜 얘기를 절대 해서는 안 된다.

그런데 이러한 기본적인 수칙을 어기고 제멋대로 볼을 치는 사람이 종종 있다. 한마디로 매너 없는 친구들이다. 이런 친구들을 만나면 게임 중에도 화가 나기 마련이다. 몇 번 주의를 줬는데도 계속하면 폭발하고 만다. 다음부터는 그 친구와 같이 게임을 하지 않으려 한다. 스트레스 해소하러 왔다가 오히려 쌓이게 마련이기 때문이다.

지난 45년 동안 이런저런 사람들을 만나왔다. 테니스를 진짜 사랑하는 나머지 동호인들과도 친해지려 많은 노력을 해왔다. 때론 바보가 되어보기도 하고 먼저 베풀기도 하였다. 다행히 아직까지 크게 원수진 사람은 없다. 오히려 문제가 발생했을 때 모임의 리더로서 중재역할을 잘 해왔다.

일본에서 지낼 때에도 테니스는 이어졌다. 주로 공원에 공용테니스장이 설치되어 있는데 남녀불문하고 노인들이 많이 즐기고 있었다. 내가 살던 도쿄의 고가네이 시에 있는 테니스장에는 여든이 넘는 분들도 여러 분이 계셨다. 2~30 분이 넘는 거리이지만 다들 자전거를 타고 오는 검소함을 엿볼 수 있었다. 나도 건강이 허락하는 한 테니스장을 다닐 생각이다. 아침운동으로서 제격이고 너무 재미있어서이다. 물론 골프나 스포츠댄싱 그리고 자전거 라이딩, 등산 등을 같이 하면서 계속 이어갈 참이다. 유럽이나 미국은 골프보다 테니스가 오히려 비용이 많이 든다고 한다. 우리는 한 달에 3만 원만 내면 실컷 칠 수 있으니 비용이 저렴하다.

오늘 아침은 나이에 비해 너무 무리했다. 단식 한 게임에다가 복식 3게임을 빡시게 쳤으니 육십 대 후반의 노인에게는 좀 무리다. 이후로는 게임수도 줄이고 젊은이들처럼 너무 세게 치려고 하지 말아야겠다. 이제 나이에 걸맞게 영감테니스로 바꾸어 승패에 관계없이 즐길 수 있도록 노력해야겠다. 좀 욕심을 내서 앞으로 2~30년 더 라켓을 잡으려면 체력을 안배해 나가야 하니까.

테니스는 내 인생길에서 만난 참 좋은 운동친구이다.

우리의 사랑이 주욱 이어지길 진심으로 바란다.

골프와 함께한
30년 세월

은퇴 이후에도 골프를 칠 수 있다면

　우리나라에서 은퇴 이후에도 골프를 계속 칠 수 있다면 대단한 행운아라 할 수 있다. 미국이나 호주 같은 나라는 노인들에게 적극적으로 골프를 장려하여 이용횟수에 따라 보험료까지 깎아주는 제도를 시행하고 있다. 부럽다. 그만큼 운동이 되고 골프가 노인들의 건강에 딱 좋기 때문이다.

　골프에 재미를 붙인 사람이라면 다들 알겠지만 정 떼기가 참으로 어렵다. '골프의 가장 큰 단점은 너무 재미있다는 것이다'라는 역설적인 말이 있다. 은퇴 이후에도 일주일에 서너 번 골프장에서 사는 성공한 노인들이 있다고 한다. 그 이유를 듣자니 그럴듯하다. 최근 미국의 한 연구에서 치매라 할 수 있는 알츠하이머를 예방하는데 독서나 운동 등 그 어느 것보다 좋은 것이 골프라고 결론이 났다고 한다. 이러다보니 남편이 골프장에 간다면 쌍수를 들고 부인들이 환영한단다. 치매에 걸려 요양원에 보내는 것보다 건강을 유지하는 것이 더 중요하기 때문이다.

아직도 예쁜 미녀와 골프 중 어느 하나를 택하라는 질문에 골퍼들은 하나같이 골프를 택한다는 전설 같은 이야기가 내려온다. 그 만큼 매력이 넘치는 운동이다. 너 댓 시간을 필드에서 걷고 시원하게 샷을 날리면 온갖 스트레스가 다 날라 간다.

우리나라 대표적인 골프애호가로서 90을 넘기고 세상을 떠난 정치인 JP(김종필 전 총리의 애칭)를 꼽을 수 있다. 그의 골프사랑은 아무도 못 말릴 수준이었다. 실제로 YS와 DJ정권에서도 사실상 2인자로 있으면서 서슬 퍼런 골프금지령을 내렸음에도 아랑곳하지 않고 "내 건강 누가 지켜주느냐"며 필드를 찾을 정도였으니 더 말해 무엇하겠는가.

그의 골프예찬론을 들어보자.

> "골프는 평생 칠 수 있는 최고의 운동이다. 골프의 기본은 걷는 것이다. 햇볕과 상쾌한 바람을 맞으면서 필드를 걷는 것이야말로 건강에 더할 나위 없이 좋다. 골프보다 더 좋은 운동은 세상에 없다"

사실 그렇다.

이렇게 좋은 골프지만 치명적인 단점이 있다. 바로 비용이다. 미국에서는 한 번 라운딩 시 1~2만 원 정도면 충분한데 우리는 그 열 배 이상이 든다. 그러다보니 골프하면 우선 부정적으로 생각하는 사람들이 많다. 돈 많은 사람들이나 하는 운동으로 잘못 알고 경원시하고 있는 모습을 본다.

그래서 요즘은 필드 대신에 스크린골프를 즐기는 골퍼들이 늘고 있다. 만오천 원에 18홀을 돌 수 있어 은퇴 자금이 부족한 베이비부머 골퍼들에게 인기가 만점이다.

돌이켜보니 내가 30대 중반부터 골프채를 잡았으니 근 30년이 넘었다. 그동안 골프의 박사학위라 할 수 있는 싱글 패를 비롯하여 이글 패 에다가 심지어 홀인원 패까지 받았으니 삼종 세트를 다 갖췄다.

이제 더 이상 욕심이 없다. 한 달에 한두 번 필드를 찾고 스크린골프를 즐기고 있다. 아직도 아침 산행을 할 때 나만의 장소에서 아이언 연습을 게을리 하지 않고 있다. 싱글실력도 여전히 유지하고 있다.

넉넉지 않은 은퇴자금 때문에 골프를 접어야 할까 고민하고 있지만 아직도 이 좋은 골프를 끊지 못하고 있다. 물론 때가 되면 자연적으로 끊어지겠지만 참으로 질긴 인연이다. 주위에 칠십이 넘은 선배들이 왕성하게 골프를 치는 모습을 보면 부럽다. 골프는 행복한 인생 후반 길에 분명히 도움이 된다.

약간의 여유가 된다면 지금부터라도 채를 잡아 보라. 지금 있는 돈을 죽을 때 싸가지고 갈 수 없다. 다소 비용이 든다고 해도 건강을 지킬 수 있으니 병원비 대신 쓴다고 생각하면 그리 아깝지 않다. 지금 채를 잡아도 결코 늦지 않다.

골프는 우리의 노후를 절대 배신하지 않을 것이다. 그리고 건강수명을 연장하여 행복한 노후를 보낼 수 있다.

스크린골프의 매력

오늘같이 비가 오는 날이면 스크린골프가 제격이다. 비용도 저렴하고 골프의 이점을 즐길 수 있기 때문이다. 사실 요즘같이 코로나19

로 인해 각종 모임이 금지되고 있어 스트레스를 해소하는 데에도 이만한 게 없다.

  은퇴 이후, 고급스런 골프장을 찾기란 비용 면에서 쉽지 않다. 어지간한 부자가 아니면 한 번에 이십만 원 내외의 비용이 드는데 감당이 불감당이다. 그래서 대안으로 나온 것이 스크린골프이다. 평일 만 오천 원 주말 이만 원 정도면 대여섯 시간을 즐길 수 있다. 식사 한 끼를 하더라도 삼만 원이 들지 않는다.

  혹자는 스크린골프를 극구 말린다. 그 사유가 이렇다. 좁은 밀폐된 공간에서 탁탁 치면 먼지가 날려 기관지에 안 좋다는 것이다. 필드에 나갈 때 별 도움이 안 된다고 사유를 하나 더 붙이는 부자 골퍼 친구들도 있다. 하지만 웬만한 스크린골프장은 환기 장치가 잘 되어 있다. 옛날같이 담배도 못 피우게 되어 있다. 그래서 이런 결론에 이른다. 은퇴 이후 집에 있는 것보다 백 번 천 번 낫다는 것이다. 운동도 되고 유쾌하게 웃을 수도 있다. 자동적으로 스트레스가 해소되어 정신건강에도 좋다.

  골프채를 버리지 않는 한 스크린골프를 끊을 수 없다. 하다보면 오늘같이 신들린 샷으로 가장 어렵다는 가상의 골프코스인 '마스터스 아일랜드cc'에서 싱글을 달성할 수도 있다. 하도 기분이 좋아 동반자들에게 저녁식사를 대접했다. 지공도사 자격증을 취득한 기분도 있고 해서. 스크린골프는 당당히 내 취미로 자리 잡고 있다.

  앞으로도 "동반자를 즐겁게 나를 즐겁게"의 오랜 골프모토를 지켜가면서 건강을 다져 나가려 한다.

행복을 가져다주는 주말농장

올해도 주말농장과 함께 행복한 시간을 보낸다.

은퇴 이후 농촌으로 내려가 농사를 짓고자 하는 베이비부머들이 적지 않다. 나도 고향에 조그만 과수원이 있지만 직접 내려가 농사를 짓지는 못하고 있다. 대부분 여러 가지 제약이 있어 결단을 내리기가 쉽지는 않을 것이다.

대신에 집 근처 농장의 한 자리를 빌려 매년 농사를 짓고 있다. 내가 20년 째 살고 있는 김포 고촌은 말이 경기도이지 서울과 붙어있어 은퇴 이후 살기에 딱 좋은 지역이다.

서울 시내까지 3~40분, 김포공항 15분, 인천공항 40분 거리인데 비해 공기 좋고 집값도 저렴하니 적극 추천하고 싶다. 금년에도 한 열 평 남짓 땅에 상추, 오이, 쑥갓, 고추, 토마토, 배추, 무 등을 심었는데 이제 수확기에 이르렀다. 언제 자랄까 싶었는데 이렇게 성성하게 자랐다. 매일 아침, 운동을 끝내고 정성스레 가꾼 덕분이라 생각한다. 농작물은 주인의 발자국 소리를 듣고 자란다는 말이 있다. 풀도 뽑고 지주를 세우고 물도 넉넉하게 주어야 잘 자란다는 사실을 알고 있기에 비 오는 날을 빼고는 부지런히 돌봐 왔다.

농장을 가꾸면서 보람은 싱싱한 채소를 직접 밥상에 올리는 것이다. 상추, 쑥갓, 고추에다 고추장을 넣어 한입에 쏘옥 넣어 먹으면 그 맛이 천하제일이다. 무엇보다 우리 이웃에게 그저 주는 재미가 더 쏠쏠하다는 것이다. 어제는 입사동기 친구들을 초청하여 각자가 수확한 채소들을 한보따리 안겨 주었다. 거기다 고촌의 맛집으로 가서 저녁식사까지 대접해 보냈다. 기분이 너무 좋았다. 특별히, 다니는 교회 식구들에게 점심반찬으로 싱싱한 야채에다 삼겹살을 더하니 모두들 좋아라한다. 동네에서 친하게 지내는 분들에게도 정성껏 수확해서 전하고 있다.

이렇듯 작은 농사이지만 주말농장은 삶의 기쁨을 주는 행복발전소의 역할을 톡톡히 하고 있다. 오늘도 같은 아파트에 사는 포럼식구에게 새로 산 비닐봉지에 여러 가지를 담아서 전했다. 진한 사랑의 냄새가 풍겼다.

농사를 짓다보면 재미가 있고 행복도 있다. 고독과 외로움을 날리고 식단도 풍요롭게 할 수 있다. 은퇴 이후 시간이 많은 베이비부머들에게 주말농장을 강력히 추천하고 싶다.

삶의 '숨터'
전통시장 이야기

김용욱

전통시장과의 인연
전통시장은 어떤 모습인가?
고척근린시장 사람들
'전통저잣거리'
삶의 '숨터' 역할
'숨터' 살리기 작전
전통시장의 미래와 존재 의미

전통 시장과의 인연

강원도에 소재하는 대학에 경영학 교수로 재직 중이던 2004년 가을학기의 어떤 날, 나에게 갑자기 전통시장(그 당시는 재래시장)이 다가왔다. 강원도 평창군의 4개 전통시장(평창시장, 대화시장, 진부시장, 봉평시장)에 대한 실태조사 및 경영 지도를 '시장경영지원센터'(지금의 소상공인시장진흥공단)의 요청으로 진행하게 된 것이다.

사실 그 전에 나에게 전통시장이란 그저 물건을 조금 저렴하게 살 수 있는 곳, 또는 배가 출출할 때 맛있는 간식이나 식사를 해결하는 곳, 혹은 유통과정의 현대화로 인해 그 유지와 발전이 어려워지고 있는 유통 형태의 하나라는 정도로 인식되었던 곳이다.

그런데 약 한 달 남짓 맡은 일을 진행하면서 전통시장이란 우리가 알고 있는 상품의 매매라는 경제적인 의미뿐만 아니라 전통시장이 소재하고 있는 그 지역만의 고유한 사회적, 문화적, 역사적인 소산과 많은 가치를 내포하고 있는 곳 이구나 라는 소중한 인식을 갖게 되었다.

특히 대도시의 북적북적하는 큰 시장이 아닌 강원도 작은 소도시의 전통시장은 그야말로 오래 전부터 그 지역의 경제와 살림살이를 떠받들고 있는 대들보와 같은 역할을 하는 곳이라는 사회경제적인 의미를 깨닫게 된 것이다.

이 일을 계기로 하여 지금까지 어언 16년 동안 전통시장과 인연이 되어 전국의 많은 시장들을 방문하며 이 모양 저 모양으로 돕는 일을 진행하였다.

현재 전국에 약 1,450개 가량의 전통시장이 영업하고 있는데 이 중에 10% 남짓 되는 약 150여 개 가까운 전통시장을 방문하면서 전통시장의 발전과 특화요소 개발 그리고 상인들의 의식혁신 등을 위해 경영지도, 자문, 심사, 상인교육, 연구용역, 특성화사업단 운영 등 다양한 형태로 도우미 역할을 해오고 있다.

주지하는 바와 같이 전통시장은 온라인판매의 활성화, 대형마트 등 유통업태의 현대화, 소비자의 구매행태 다변화 등의 급속한 유통환경변화 때문에 갈수록 쇠퇴하고 있다. 이런 어려움에 처해 있는 전통시장을 정부에서는 특별법과 지원정책을 통해 지속적으로 도와주고 있는 바, 이런 소중한 일에 협력파트너로서 동참할 수 있다는 것은 참으로 감사한 일이다.

이와 함께 전통시장을 돕는 과정에서 만나는 상인들과의 만남과 관계를 통해 의미 있게 사는 것이 무엇인가라는 인간적이고 실존적인 의미까지도 느끼게 한다.

사람이 한 평생을 살면서 하는 일과 직업은 매우 다양하다.

필자는 고등학교 교편생활, 대학 교수생활 등 30년을 교직자로서의 삶을 살아오면서 후학을 가르치는 직업이 갖는 소중한 보람을 누구보다 많이 체험해 왔다.

그런데 2012년에 신앙적인 뜻이 있어 대학을 명예퇴직한 후 중앙아시아에 위치한 키르기즈스탄의 대학에서 교수 선교사로 3년 남짓 동안 섬기게 되었다. 그러던 중에 사정이 생겨서 2015년 말에 귀국하여 2016년부터 본격적으로 시작한 전통시장 돕는 일이 교직생활 못지않게 보람 있다는 것을 절실히 느끼고 있다.

특히 우리나라 전통시장 지원정책에 참여하면서 정부나 우리 같은 사람들의 약간의 협력과 지원만 있어도 힘들어 했던 전통시장의 상인들 의식이 변화하고 시장의 모습이 경쟁력 있는 모습으로 변화하는 모습을 보았다. 이와 같이 쇠퇴해 가던 상권이 활성화되는 모습을 보면서 참으로 보람 있는 일이라는 것을 느끼게 되었고 자연스럽게 이 임무가 내 인생 후반전 이모작의 매우 의미 있고 중요한 부분이 되었다.

지금은 이러한 전통시장과의 인연 덕분에(?) 정부(중소벤처기업부)가 지원하는 「문화관광형시장 육성사업」 프로젝트를 수행하는 사업단을 설립하여 운영하면서 전통시장의 경쟁력 강화를 위해 돕고 있는 중이다. 이와 함께 서울시 중구청의 전통시장 주치의라는 자문단에도 참여하며 그동안 쌓아 온 경험을 토대로 하여 부족하지만 가지고 있는 지식과 지혜를 활용하여 우리나라 전통시장의 발전을 위해 함께 섬길 수 있는 혜택을 누리고 있다.

전통시장은 어떤 모습인가?

그렇다면 내가 참여하며 함께 하고 있는 전통시장은 현재 어떤 모습일까?

과연 전통시장은 우리 모두에게 무슨 의미와 어떠한 가치를 가지고 있는가?

단순히 우리에게 필요한 상품을 사고파는 매매나 상거래 기능만을 제공하는 장소에 불과한가?

아니면 상인들이 생존을 위해 점포를 차려 놓고 상품매매를 통해 단순히 이익만을 추구하기 위해 노력하는 곳인가?

그것도 아니라면 흔히 나라경제의 대표적인 3주체라고 하는 소비자, 기업, 정부 중의 하나에 해당하는 단순한 경제주체에 불과한가?

이 모두가 틀린 말은 아니다. 하지만 확실한 것은 전통시장은 인류 역사상 그 발생 자체가 매우 오래전부터 물물교환을 시작으로 자연

발생적으로 태동되었고 인류가 화폐와 재화를 본격적으로 활용하기 시작하면서 장소적으로나 기능적으로 보다 구체화되고 제도화되었다.

이런 과정에서 전통시장은 일반 서민들의 교환욕구를 충족시켜 주면서 그 시대의 문화와 생활관습과 다양한 시대상과 애환이 표출되는 매우 중요한 통로가 된 것이다.

즉 전통시장은 단순한 상거래 기능이 나타나는 가장 기본적인 기능 외에 우리 인류, 특히 일반 서민들의 삶 그 자체를 투영해 주는 매우 소중한 삶의 '숨터' 역할을 해온 것을 알 수 있다.

그러나 이러한 상투적이고 공식적인 표현보다 전통시장은 훨씬 더 서민의 따스한 인정이나 애환이 살아 있는 곳이다. 특히 상거래 과정에서도 현대적인 방식은 아니지만 보다 저렴하고 풍부한 맛이 있으며 때에 따라서는 '덤'도 있고 '에누리'도 있고 '떨이'도 있는 지극히 인간미가 넘치는 공간이기도 하다.

요즘과 같이 코로나19의 확산으로 인해 인간관계를 형성하기에 매우 어려운 사회현상 속에서도 전통시장에는 물건 파는 활기찬 상인의 소리도 있다. 또한 치열하게 물건가격 흥정하는 흥미로운 모습도 있고 아이들 손잡고 마실 나온 부모의 넉넉한 푸근함도 있다.

때에 따라서는 흥정이 잘 안되거나 이해타산이 맞지 않아 서로 싸움질하는 소리나 모습도 보이는 우리 삶의 모습 그대로를 간직하고 투영하는 서민의 삶들이 그대로 녹아 있는 마당이 바로 전통시장 본연의 모습이기도 하다.

그런데 이렇게 서민들의 '삶의 숨터' 역할을 하는 전통시장이 1990년대 말에 IMF사태가 일어나고 유통시장이 개방되고 온라인쇼핑몰

등이 활성화되면서 갈수록 경쟁력을 잃기 시작했다. 많은 점포들과 손님들로 북적거리던 전통시장에는 하나둘 빈 점포가 늘어나고 많은 상인들은 갈수록 고령화되어 활력을 잃어 가며, 현대화된 대형마트에 비해 유통환경이 열악하여 고객들의 방문도 갈수록 감소하고 있는 것이 안타까운 현실이다.

예를 들어 나를 전통시장과 인연을 맺어 주었던 강원도의 전통시장들을 보면 기본적으로 지역의 인구가 소규모이고 시장주변의 유동인구가 절대적으로 부족하다 보니 웬만한 지원정책을 시행해도 표도 나지 않고 백약이 무효인 전통시장들이 많이 있다.

그러다 보니 시장의 점포들 중 상당수가 폐점하여 빈 점포로 남게 되고 자연스럽게 시장상권은 쇠락하기 시작했다. 이에 따라 지역인구도 감소하게 되어 지역경제의 악순환이 반복되는 안타까운 현실이 지방 소도시 전통시장의 모습들이다.

흔히 지방 소도시 전통시장의 상인들은 '옛날에 우리 시장이 잘 나갈 때는 시장에 돌아 다니는 개도 만원짜리를 물고 다닐 정도로 무척 경기가 좋았는데…'라는 씁쓸한 푸념을 하는 것이 습관이 될 정도이다.

이러한 안타까운 상황 속에서 다행히 2000년대 초에 전통시장 지원특별법이 제정되면서 이제 열정이 있는 전통시장들은 정부의 지원정책에 힘입어 대도시는 물론이고 지방 소도시에도 정선아리랑 시장, 서귀포올레시장, 장흥토요시장 같은 다양한 특성화시장이 생기게 되었다. 이와 함께 많은 전통시장들이 대형마트 못지 않은 경쟁력을 갖추면서 점포매출과 방문고객 등이 부쩍 상승하는 효과도 거두고 있다.

당연히 이러한 변화를 적극 활용하여 이전의 호경기 시절과 같이 다시 부활하는 르네상스시대를 개막시켜야 한다는 절체절명의 과제를 안고 있는 것이 지금 우리나라 전통시장의 모습이다.

고척근린시장 사람들

2018년 5월부터 서울시 구로구에 소재하는 고척근린시장이라는 곳의 '특성화첫걸음시장 육성사업단' 책임자를 맡아 사업단원도 여러 명 선발하여 사업단이라는 것을 꾸리고 매일 시장으로 출근하며 사업을 추진하기 시작하였다.

지금까지 3년 가까이 70여개 점포가 있는 고척근린시장에서 상인들과 함께 동고동락하며 생활하다 보니 이제는 나도 전통시장의 중요한 구성원이 된 듯한 느낌이다. 이제 전통시장은 그저 상인교육이나 컨설팅을 하면서 도와 주는 객체가 아니라 내 인생 후반전을 이끌어 주는 매우 중요한 주체가 되어 가고 있는 것이다.

첫 해인 2018년 한 해는 나름 무척 힘든 일들이 곳곳에 도사리고 있었다. 물론 전통시장의 사업단장을 맡기 전에 참고하기 위해 사업단 운영경험이 있던 분들의 이야기들을 많이 들어보았다.

까다로운 상인들과의 관계 때문에 사업을 관리하는 지자체(시청, 구청 등) 담당자와의 관계 때문에 또는 사업을 위탁받은 엉터리 사업체 때문에 등등 힘들었다는 고충을 많이 접했다. 그래서 사업단장 연수를 수료해서 전통시장 일을 하기로 결정할 때까지 이런저런 생각으로 고민하면서 무척 망설였다. 결국은 그런 힘든 일들을 충분히 극복해야겠다는 각오를 가지고 시작하게 되었다.

그럼에도 불구하고 사업단을 운영하기 시작하면서 예상대로 이 사업의 중요한 파트너인 위탁업체와 뜻이 맞지 않거나 또는 까다로운 몇몇 상인들 때문에 첫 해에는 무척 힘이 들었다.

많이 힘들었을 때는 심지어 사업단장을 중도에 그만두려는 생각까지 하였는데 그러면 나의 '전통시장 섬김'이라는 결정에 내가 패배하는 것이라고 판단되어 최선을 다하며 버티었고 지금은 3년 가까이 무탈하게 사업단장직을 잘 수행해 왔다고 자부한다.

오히려 이제는 어떠한 전통시장의 특성화사업을 맡아도 문제없이 해낼 수 있다는 자신감이 충만하다.

3년간의 값진 전통시장 특성화사업 경험이 돈으로 헤아릴 수 없는 보석 같은 가치로 다가와 나를 기쁘게 한다.

고척근린시장 사람들과 정부와 지방자치단체가 지원하는 '특성화 첫걸음시장 육성사업' 1년(2018년), '문화관광형시장 육성사업' 2년 (2019년~2020년)을 함께 수행하면서 느낀 가장 소중한 부분은 시장 사람들이 '정(情)'이 많다는 것이다.

처음에는 살짝 경계하는 듯한 분위기도 있었지만 내가 모든 걸 내려놓으며 겸손하게 대하니 곧 그들과 친해지고 뜻을 맞추어 사업을 순조롭게 진행하게 되었고 이제는 인간적으로 형제나 친구와 같이 무척 정이 많이 들었다. 정말로 전통시장 사람들은 특히 고척근린시장 사람들은 정이 많은 분들이다.

3년 가까이 40여 개의 단위사업 중에 절반 이상이 상인 분들의 의식혁신이나 삶의 질 향상을 위한 사업이었는데 나도 함께 상인교육을 듣고 풍물패나 노래교실 같은 상인동아리에 참여하였다.

상인리더워크숍 등을 통해 함께 토론도 하고 브레인스토밍도 하다 보니 그들의 생각과 가치관이 참으로 순수하고 인간미가 넘친다는 생각을 지울 수가 없었다.

또한 그 기간 동안 서로 간의 경조사에 적극 참여하고 틈이 날 때는 인근의 야구장도 함께 관람을 가는 등 밀접하게 대하다 보니 사업단과 상인회가 하나로 움직여진다는 것을 느껴서 매우 보람이 있었고 특히 사업수행에도 매우 큰 도움이 되는 성과가 있었다.

이러한 부분이 바로 전체 고척근린시장의 상경기 분위기에 다른 사업과 함께 연결되어 사업 첫해에 약간의 썰렁했던 시장분위기가 지금은 코로나19 때문에 많은 전통시장을 포함해 자영업자들이 매우 힘든 시기에 오히려 시장 방문고객이 증가하고 자연스럽게 시장점포들의 매출도 향상되는 이중의 효과를 거두게 되었다.

가끔 명절이벤트나 코로나19 관련 이벤트를 진행하면 많은 사람들이 구름떼같이 몰려 들어 일주일 예상하고 진행했던 계획들이 하루 이틀이면 성황리에 끝나는 등 시장의 경기가 눈에 띄게 변화되었다.

이러한 성과와 변화가 나타나는 것은 물론 정부지원의 특성화사업을 진행한 부분도 있지만 이보다도 더 큰 요인은 고척근린시장 상인들의 인간적인 정과 잠재적인 능력 그리고 자발적이고 뜨거운 열정들이 복합적으로 계발되고 발휘되어 시너지 효과가 생긴 것이라고 믿어 의심치 않는다.

전통저잣거리

「문화관광형시장 육성사업」은 말 그대로 문화와 관광을 전통시장에 잘 접목해서 다른 유통 업태와 비교하여 경쟁력을 갖추어 보자라는 정부지원 사업이다.

이는 소상공인시장진흥공단이 주관하여 지금까지 약 10여 년간 전국의 200여 개 전통시장을 선정하여 지원한 핵심 특성화사업이기도 하다. 또한 그동안 쇠락해 가는 전통시장을 나름의 특화요소를 찾아 조금씩 활성화시키는데 가장 공을 많이 세운 프로젝트이기도 하다.

그런데 안타깝게도 매년 적지 않은 예산이 투입됨에도 불구하고 '문화'와 '관광'이 잘 보이지 않는 사업, 대형마트나 백화점 등의 아류처럼 그저 깨끗하고 현대화하는데 치중하는 사업, 전통시장만의 경쟁력을 살리기 보다는 단순히 유통환경 개선에만 열중하여 특성화 정체성이 잘 보이지 않는 사업진행 등 원래의 시장경쟁력을 갖추기 위한 취지에 걸맞지 않는 사업결과들이 다소 있어 아쉬운 점이 많다.

보통 이런 시장들은 사업을 수행하고 종료하였는데도 불구하고 시장활성화와 관련된 성과가 미흡하거나 이전과 별로 달라지지 않은 경우가 꽤 있고 그러다 보니 사업종료 후 수년이 지나면 무슨 사업을 했는지 사업흔적이 잘 보이지 않기도 한다.

어찌 보면 전통시장만의 특유한 경쟁력 요인을 적용하지 않은 사업들은 이러한 현상이 당연한 귀결인지도 모른다.

그래서 고척근린시장에서 문화관광형시장사업단 책임을 맡고부터 무엇이 시장을 문화와 관광으로 무장하여 특화시키고 활성화시킬 수 있을까 무던히도 고심하였다.

물론 그 과정에서 시장상인들의 좋은 의견을 듣기 위해 설문조사를 실시하여 우수하게 제안한 상인에게는 라면 1박스씩 시상하기도 하고, 상인회 임원들을 중심으로 하는 상인기획단을 결성하여 수시로 사업의견을 협의하기도 하였다. 또한 다른 성공적이고 선진화된 전통시장을 개인적으로 혹은 상인들과 함께 견학하면서 벤치마킹하기도 하는 등 여러 가지 방법을 동원하여 문화와 관광이 살아 움직이는 사업아이템을 구상하였다.

그 결과, '전통시장의 경쟁력'은 전통이 살아 있어야 한다는 결론에 도달하였다. 흔히들 '가장 한국적인 것이 가장 글로벌한 것이다' 라는 말이 있는데 마찬가지로 '가장 전통적인 것이 가장 큰 전통시장의 경쟁력이다' 라는 의미를 부여하고 고척근린시장 [문화관광형시장육성사업]의 계획을 입안하게 되었다.

입안한 사업계획의 내용은 시장활성화를 위한 먹거리PB상품 개발, 이벤트나 축제, 그리고 상인의식 혁신을 위한 교육, 선진시장 견학, 동아리 활동, 유통환경 개선을 위한 안전시장 만들기, 시장이정표 설치, 시장홍보 버스 광고 등의 다양한 사업을 담았지만, 사업에서 가장 중요한 핵심컨셉은 '전통저잣거리 조성' 사업이었다.

이 사업은 행복을 파는 전통적인 저잣거리 (장터거리) 조성과 전통적인 조선시대 기와디자인을 가미한 특화환경 조성을 통해 시장브랜드 가치 증대에 목적을 두었다.

이 전통저잣거리 조성사업의 주요 내용으로는 시장점포 상단에 기와 처마와 청사초롱 및 전통디자인 간판을 설치하고 점포진열대에 전통디자인 문양을 입혀서 전통적인 점포의 모습으로 변화하는 것이었다. 이와 함께 시장입구에 전통기와디자인 게이트와 현판을 조성하고 시장 통로의 기둥에 고궁 문양의 디자인을 입히는 등 시장 전체를 전통기와 디자인을 통한 조선시대 전통저잣거리 조성에 중점을 두었다.

즉, 전통이 살아 있는 시장, 전통 디자인으로 무장한 시장, 전통 볼거리, 전통 즐길거리, 전통 먹거리가 있는 시장을 지향하여 시장을 찾는 고객들에게 「고척근린시장」만의 전통적인 가치와 흥미를 제공코자 노력하였다.

3년 가까운 사업을 마무리하는 지금 시점에서 볼 때 일단 하드웨어인 전통디자인 접목의 시장모습과 변화된 상인들의 의식변화 등은 성공적이라고 자평할 수 있다. 왜냐하면 시장인근의 주민들과 손님들 그리고 외부 방문객들의 호평을 자주 들을 수 있고 방송이나 신문 등 유수한 언론들의 관심과 취재 등이 줄을 잇기 때문이다.

심지어 젊은 고객들이 방문할 때는 시장의 전통적인 모습을 포토존으로 삼아 사진 촬영하는 광경을 자주 목격한다. 요즈음에는 동남아시아나 중국의 다문화 방문객 뿐만 아니라 서양 방문객 등 외국인들도 자주 볼 수 있다.

　또한 상인들의 의식이나 태도도 사업 이전에 비해 눈에 띄게 변화하여 그 전에 무뚝뚝하고 퉁명했던 상인이 많이 친절해졌고 그 전에 상인회 활동이나 특성화 지원 사업에 관심이 없고 심지어 반대를 일삼았던 분들도 무척 열심히 협력하는 등 시장분위기가 화기애애하게 단합하는 모습으로 혁신되었다.

　이전에 전통시장 상인들이 거부감을 가졌던 신용카드, 간편 결제(제로페이 등), 온누리 상품권 등 결제수단들도 적극적으로 홍보한 덕에 90% 이상의 가입률을 보여 손님들이 사용할 수 있는 대부분 모든 결제수단이 가능한 시장으로 탈바꿈하게 되었다.

　그러다 보니 코로나19 시국의 엄중한 상황에도 불구하고 문화관광형사업 이전에 비해 시장 방문고객들이 눈에 띄게 증가하고 이에 따라 시장점포 매출도 상당히 상승하고 있다고 상인들에게서 자주 들을 수 있다.

　이러한 것을 종합해 볼 때 전통저잣거리를 비롯한 '전통시장다운 전통시장'을 지역주민들이나 외부고객들이 반가워하는 것이 확실하고 이러한 성과가 느껴질 때마다 사업을 주관해서 수행해 온 나로서는 매우 보람 있고 뿌듯하다.

단지 아쉬운 것이 있다면 애초의 계획처럼 전통저잣거리 조성사업 중의 하드웨어인 시장의 전통적인 모습은 성공적으로 정착시켰지만 소프트웨어로서 한 축인 전통 먹거리와 전통 즐길거리를 제대로 정착시키지 못한 점이다.

전통 먹거리는 먹거리 PB상품개발과 마케팅 사업을 통해서 대표 먹거리로 떡갈비, 닭 강정, 곱창볶음순대 등 3가지를 개발하여 다양한 형태로 홍보하고 네이버시장 장보기 등을 통해 판매하고 있지만 아직까지 뜨거운 반응은 없어서 앞으로 지속적으로 홍보하여 그 인지도를 높여야 할 것으로 보인다.

또한 전통 즐길거리를 개발해서 정착시키기 위해 각종 행사 때마다 투호던지기, 제기차기, 윷놀이 등을 실시해 보았고 한복착용 방문고객에 대한 할인행사 등도 기획 보았지만 적당한 놀이공간이 부족하고 여건이 조성되지 못하여 시장 고유의 즐길거리로 자리매김하지 못하고 그저 그 때마다의 이벤트로 끝나는 아쉬움이 있었다.

원컨대 문화관광형시장 육성사업이 종료되고 혹시 다음에 한 번 더 유사한 사업기회가 생긴다면 그 때는 전통 컨셉의 소프트웨어 개발에 중점을 두고 사업을 추진하여 명실 공히 조선시대의 정통 '전통저잣거리'로 발돋움하는 계기로 삼고 싶다.

나아가 고척근린시장이 대한민국의 대표 '문화관광 전통시장'으로서 또는 '전통디자인 문화관광 명소'로서 자리매김할 수 있어 시장 활성화에 많은 기여를 할 수 있지 않을까 조심스럽게 희망해 본다.

삶의 '숨터' 역할

전통시장은 사람냄새가 나는 곳이라고 한다. 아니 사람 사는 냄새가 난다고 한다. 왜냐하면 그 곳에는 바로 사람의 삶, 그 자체가 일어나고 있기 때문이다.

오랜 전통문화도 살아 있지만 오래 전부터 우리의 선조들이 삶을 살아내기 위해 괴나리봇짐을 짊어지고 이 고장 저 고장을 다니기도 하고 갓난아기를 둘러업고 노상에서 직접 재배한 야채를 파느라 쉰 목소리로 호객을 하기도 하며 또 물건을 서로 유리하게 거래하기 위해 치열하게 흥정하기도 하는 삶의 '숨터' 역할을 하는 곳이 바로 전통시장이다.

'숨터'란 무엇인가?

바로 인간을 포함한 우리 생명체들의 생명의 근원이다. 숨이 끊어지면 생명이 없어진다. 즉 '숨터'란 생명을 보존해 주는 공간이기도 하다.

 산소가 생물학적인 그리고 육체적인 '숨'이고 산에 있는 숲이 산소를 공급하는 자연적이고 공간적인 '숨터'라면 전통시장은 삶의 활력을 제공하는 경제적이고 정신적인 '숨'이고 '숨터'일 수 있겠다.

 어떤 시인은 "삶에 지친 이여, 시장에 가보라!" 고 한다. 그런데 '시장' 자리에 '마트'와 '백화점'을 넣어보면 어떨까?

"삶에 지친이여, 마트에 가보라!"

"삶에 지친이여, 백화점에 가보라!"

 도저히 어울리지가 않는다.

 왜 그럴까? 마트에도 백화점에도 열심히 치열하게 살아가는 수많은 종업원들이 있다. 시급 몇 천원 더 벌기 위해 땀흘리며 살아가는 인생들이 있다. 그런데 왜 삶에 지친 이들이 마트나 백화점에서는 별로 위로를 받을 것 같지가 않을까? (발췌: 문화도 습지처럼)   .

 전통시장에는 왠지 모르는 삶의 '숨터'가 살아 있기 때문이다.

 단순히 물건을 사고파는 경제적인 행위 이외에 사람의 숨결, 인생의 묘미, 인간미 넘치는 흥정 등이 있기 때문일 것이다. 이렇듯 전통시장은 단순히 상거래라는 경제행위를 하는 장소로만 치부하기에는 매우 궁색할 수 밖에 없고 치열한 삶이 살아 움직이는 곳이기에 많은 사람들이 전통시장을 통해 삶의 활력을 얻고 삶의 이유를 찾을 수 있는 것이다.

 특히 요즘은 전통시장의 주요 역할 중의 하나가 바로 지역주민과의 소통채널 제공이라고 보는 시각도 매우 두드러지게 부각되고 있다.

 당연히 전통시장의 주체는 상인과 소비자 또는 지역주민이다. 시장이 상인과 지역주민을 연결해 주는 소통의 매개역할을 충실히 감당해 낼 때 시장은 고객확보는 물론이고 다른 유통 업태와의 차별화된 경쟁력을 갖출 수 있을 것으로 보인다.

예를 들면, 전통시장 내에 지역주민들과 소통할 수 있는 매개체를 충분히 조성하는 것이다.

아이들의 필요를 시장에 조성하여 부모들을 시장에 방문하게 하고, 취미, 레저, 헬스 등 현대인이 필요로 하는 욕구를 충족해 주는 문화센터를 조성하여 문화습득에 갈급해 하는 주민들을 시장으로 유입하며 지역사회와 동일한 아이덴티티나 스토리텔링을 창출하여 지역사회와 공감대를 형성하는 등 소통채널로서의 전통시장으로 자리매김할 수 있다.

또 조선시대부터 우리의 시장은 사람과 사람을 이어주는 곳이라고 했다. 정조대왕이 수원 화성을 축성하고 인근 지역에 시장이 개설되면서 많은 사람들이 이곳에 모여 들었는데 이 때 이 시장을 '중매터'라고 부르기도 했다.

그 이유는 장터에서 만난 사돈이 술에 취해 서로 소를 바꿔 타는 바람에 엉뚱한 사돈네로 찾아 갔다거나 장터에서 처음 만난 사람들끼리 사돈을 맺었다는 이야기 등 사람을 이어주는 중매쟁이 역할을 장터가 감당해 왔기 때문이다.

이와 함께 그 당시의 장터를 통해 장돌뱅이나 보부상들에 의해 팔도의 정보가 교환되었고 특히 큰 점포를 가진 대상들이 상대적으로 정보에 밝아 큰 이익을 볼 수 있었던 것도 장터가 가지는 정보교환 기능을 적절하게 잘 활용하였기 때문이다.

이렇듯 전통시장은 다양한 사람들의 삶이 녹아 있고 사람과 사람을 이어주며 살아가는 정보를 나누어 주고 힘겹게 살아가는 서민들의 애환을 담아내는 곳이다.

  그렇기에 앞으로 전통시장의 활성화를 위한 지향점이 흔히 이야기하고 있는 5대 핵심과제(지불결제 편의성, 고객신뢰 확보, 위생 청결한 시장, 상인조직 강화, 안전한 시장 조성) 수행에 그치는 것이 아니라 이런 것을 가장 기본적인 것으로 조성하면서 전통시장만이 가지고 있는 창의적인 가치인 '삶의 숨터' 역할을 최대한 활용할 때 비로소 우리 인류가 자연스럽게 진행시켜 온 전통시장의 가치가 극대화되고 활성화될 것으로 보인다.

'숨터' 살리기 작전

　이와 같이 전통시장은 우리 삶의 '숨터'이며 우리 경제의 '숨터'이기도 하다. 이런 전통시장의 침체되어 있는 시장여건을 타개하기 위해서 전통시장 고유의 경쟁력을 갖추지 않고서는 시장의 존립자체가 어려운 현실에 직면해 있다.
　말 그대로 전통시장이 급변하는 환경변화에 대응하여 경쟁력을 갖추기 위해서는 삶의 '숨터'로서 뿐만 아니라 상인의 '숨터', 전통의 '숨터', 정보의 '숨터'로서 다양한 측면에서 적극적인 대응방안과 살리기 작전이 지속적으로 추진되어야 한다.

삶의 '숨터' 주체자로서 상인 의식의 혁신

　최근의 급격한 소비구조의 변화는 소득수준의 향상에 따라 삶의 '숨터'를 보다 가치있게 추구하는 과정에서 나타나는 불가피한 현상이다.

따라서 전근대적인 상거래 행태에 젖어 있는 상인들의 의식개혁이 선행되어야 하며 소비패턴의 변화를 정확히 파악하고 이에 걸맞는 상품과 서비스를 개발, 공급함으로써 스스로 시장경쟁력을 강화하기 위한 시장상인들의 자구노력이 무엇보다 중요하다.

기존의 상인의식 실태조사 결과를 토대로 보면 전통시장 상인들은 사업의 낮은 성과, 생활의 불규칙성, 이질적인 구성요소들로 인하여 좌절, 권태 등의 의식을 지니기 쉽고 '장사치'라는 자조적인 명칭을 통해 보듯 보람과 긍지를 지니지 못하는 직업관을 갖고 있는 것으로 나타나고 있다.

무엇보다도 이러한 의식면에서의 부정적인 불안요소를 극복하지 못하면 시장의 활성화는 요원하다고 볼 수 있다. 이처럼 건물이나 시설의 현대화보다 더 중요한 문제가 삶의 숨터를 운영하는 상인들의 긍정적이고 발전적인 의식개혁과 체질개선이라고 한다면 이에 대한 현실적인 대책이 반드시 수립되고 실천되어야 할 것이다.

상인의 '숨터'로서 혁신적인 점포경영

점포경영은 바로 상인의 '숨터'로서 기능을 한다. 즉, 전통시장의 점포경영이 구태 속에서 벗어나지 못하면 '숨터'로서의 기능에 매우 제한적이 될 수 밖에 없다.

특히 상인들의 고령화로 인해 점포경영의 현대화가 쉽지 않은 것이 사실이지만 그래도 정부의 지원과 상인조직의 강화로 현대경영 방식의 도입으로 전통시장 점포경영도 현대화와 합리화를 추구해야 한다.

특히 전통시장은 다른 유통 업태와 차별화된 전통시장 소비자의 욕구에 맞는 상품개발과 제품의 고객만족도를 높이기 위한 머천다이징력의 강화 및 전통시장 고유의 브랜드(private brand)를 개발하기 위한 장기적인 계획이 필요하며 상인의 지속적인 점포경영에 대한 긍정적인 의식 혁신이 선행되어야 한다.

'전통'스러운 전통시장 조성

우리나라의 전통시장은 우리의 고유한 전통이 살아 움직이는 시장으로 나아갈 때 다른 현대적인 유통 업태와의 경쟁에서 이겨 나갈 수가 있다.

우리말에 '남자스럽다, 여성스럽다,' '○○스럽다.'라는 말이 있다.

즉 ○○스러울 때 비로소 그 존재가치가 더욱 부각되고 매력적이라는 것이다.

우리 전통시장도 시장의 하드웨어부터 세련되고 깨끗한 것도 중요하지만 우리의 전통문화, 전통디자인, 전통의상 등이 접목되고 이를 운영하는 소프트웨어인 운영방식, 거래방식 등도 전통스럽게 다른 유통채널과는 차별화되는 등 '전통시장스러운' 유통 업태로 자리매김 해야 강력한 경쟁력을 가질 수 있을 것이다.

비대면 온라인커머스의 적극적인 도입

코로나19로 인해 우리 인간의 생활패턴이 사회적 거리두기, 비대면 문화, 화상회의 활성화 등 다양한 형태로 급격하게 변화하면서 유통환경 또한 유사하게 비대면거래, 온라인상거래 활성화, 택배산업 활성화 등으로 급격하게 변화하고 있다.

이에 발맞추어 전통시장도 차츰 온라인커머스, 라이브커머스 등 온라인 시장장보기 분야와 퀵배송센터 운영 등 새로운 분야에 능동적으로 참여하여 향후 비대면 온라인 문화에 적응하고 시장활성화에 적극 활용해야 한다.

이를 위해서 상인들의 온라인플랫폼에 대한 이해를 높이고 이를 통해 시장점포의 매출확대는 물론이고 전통시장이 코로나19시대에 생존할 수 있는 방향도 함께 모색해 보는 계기가 될 것이다.

정보 '숨터'로서 지역주민 소통채널 역할 강화

삶의 숨터 기능 중의 중요한 한 가지인 정보 '숨터' 역할을 충실히 감당하고 전통시장과 지역사회를 연결하는 역할을 수행하기 위해 지역주민이 필요로 하는 욕구가 무엇인지 파악해야 한다. 이를 토대로 하여 시장내에 소통채널을 조성하거나 운영하여 지역주민을 고객화하고 장기적으로 전통시장의 중요한 주체로 이끌어 내는 전략이 필요하다.

이를 위해 시장 내에 지역문화센터를 유치하여 운영하거나 유아들을 위한 전통시장 놀이의 장소로 제공 또는 고객쉼터카페, 도시락카페, 작은 도서관, 어린이장난감 대여소, 지역주민동행 문화동아리 운영 등 다양한 형태의 상인과 지역주민을 연결해 주는 가교 역할을 전통시장이 수행할 수 있다.

이와 함께 지역사회와 주민이 공감하는 전통시장만의 스토리텔링 소재와 공동의 테마를 개발하여 적극적으로 활용하면 다른 유통 업태들이 가지지 못하는 창의적인 가치를 발굴해 낼 수도 있을 것이다.

전통시장의
미래와 존재 의미

고척근린시장에서 문화관광형시장 육성사업을 3년 가까이 추진하면서 나름대로 전통적인 방식의 전통시장 경쟁력을 만들어 가다 보니 우리나라 전통시장의 미래가 어둡기만 한 것은 아니라는 확신이 생긴다.

나름대로 다른 유통 업태와 차별화되고 특화되는 요소만 잘 찾고 개발해서 전통시장에 접목하고 정착시키기만 한다면 충분히 현대 고객들에게 매력이 있고 경쟁력 있는 유통형태로 자리매김할 수 있으리라고 생각한다.

특히 우리나라 전통시장의 미래는 앞에서도 언급한 것같이 삶의 '숨터' 기능을 얼마나 효과적이고 전략적으로 활용하느냐에 달려 있다고 해도 과언이 아니다.

왜냐하면 일반적인 현대화, 최신화, 자동화, 효율화, 신속화 등의 개념은 이미 모든 현대기업들이나 특히 대형 유통 업태들이 공통적으로 추구하는 목표이고 가치이기 때문에 이와 차별화되고 특성화된 전통시장의 경쟁력이 요구되기 때문이다.

흔히 전통시장의 활성화, 전통시장의 발전방향, 전통시장의 성공요인 등을 이야기하면서 그 결과로 시장 점포의 매출확대, 방문고객의 증대 등에만 초점을 맞추어 왔다.

그런데 이제는 이런 정량적이고 직접적인 결과에 연연해하지 않고 전통시장만이 추구할 수 있는 차별화된 가치인 사람 냄새나는 시장, 사람과 사람을 이어주는 시장, 삶의 숨터 역할을 감당하는 시장, 삶에 지친 사람들에게 활력을 불어 넣어주는 시장 등 독특하고 창의적인 목표를 추구하고 경제적으로 환산할 수 없는 무궁한 가치를 충족시킬 수 있을 때 그 미래가 밝을 수 있다고 단언할 수 있다.

이런 전통시장만의 독특하고 차별화된 목표와 가치를 추구하기 위해서는 그야말로 지속적으로 창의적인 아이디어와 전략이 발현되어야 한다. 특히 이를 수행하는 주체인 상인들이 지치지 않고 이를 잘 이행할 수 있도록 관련되는 국가기관은 물론이고 상권전문가 그룹이나 지역사회 리더들이 열정을 가지고 이들을 잘 협력하고 지원해 주어야 할 것이다.

차별화된 전통시장만의 가치를 추구하기 위해서는 먼저 주변 상권의 변화나 소비자의 구매형태 변화 등 전통시장을 둘러싼 제반 상황의 변화에 능동적으로 대처하기 위한 노력이 절실하게 요구된다.

아울러 변화하는 상권이나 유통환경에 능동적으로 대응하기 위해 고객이나 지역주민들을 통한 지속적인 모니터링 시스템을 마련하는 등 적극적인 대응 전략을 모색해야 한다.

이 뿐만 아니라 이전부터 진행하여 온 전통시장 활성화와 관련된 하드웨어 측면 및 소프트웨어 측면에 대한 사업을 단편적이지 않고 지속적이고 장기적으로 꾸준히 추진해야 한다.

일반적으로 육성사업에 성공한 선진적인 전통시장들은 시장의 활성화를 도모함에 있어 수년에 걸쳐 꾸준한 계획과 지속적인 사업노력을 통해 변화하는 환경과 소비자에 대응함으로써 성공으로 이끌 수 있었다. 이와 함께 상인의 조직화 및 사업의 조직화를 통하여 지속적인 환경변화에 대응 가능한 중·장·단기적 발전 계획을 수립하고 이를 적극적으로 추진해 왔다.

혹자는 왜 전통시장만 혈세를 투자해 살리느냐, 왜 자본주의 나라에서 경쟁력이 떨어지는 전통시장을 도와주느냐 또는 정치인들이 선거에서 표를 얻기 위해 표가 많이 모여 있는 전통시장을 도와주는 것 아니냐는 등 정부의 전통시장 지원에 대해 다양한 이견(異見)이 존재하는 것이 사실이다.

그러면 왜 전통시장을 자연 소멸되도록 방치하지 않고 지속적인 지원으로 활성화시켜야 하는가?

여러 가지 논리가 있을 수 있는데 대표적인 이유로는 전통시장이 지금까지 서민 상경제의 버팀목 역할을 해왔고 수많은 소상공인들로 구성되어 있는 전통시장을 완전자유시장경제 논리를 적용하여 자연 도태시키기에는 국가적으로나 사회적으로나 너무나 많은 부담요인이 되는 것 또한 사실이다.

또한 전국에 산재해 있는 1,450여개의 전통시장들은 그 지역경제의 근간이고 모판이며 모세혈관이기도 하다. 즉 전통시장이 침체하고 소멸되는 지역들은 지역경제가 흔들릴 수밖에 없고 심지어는 이의 영향으로 지역인구가 감소하여 결과적으로 지역생존의 문제로까지 야기되는 심각한 악영향을 끼치는 것이 현실이다.

이렇듯 전통시장이 안고 있는 시대적, 사회적, 경제적 한계를 극복하기 위해 정부에서는 전통시장 육성을 위한 특별조치법을 제정하여 시행하고 있다. 이와 함께 전통시장의 경쟁력 확보와 상권회복을 위해 시장 환경 개선과, 마케팅, 고객관리 기법의 도입을 통한 혁신적인 시장경영 전략의 추진, 시장 활성화를 위한 자율적인 상인조직의 육성, 문화관광형시장 육성사업 등 다양한 지원방안을 모색 및 시행하고 있다.

위기는 바로 기회라고 한다. 지금까지 여러 가지 형태의 위기극복을 통해서 인류문명은 지속적으로 발전해 왔다.

우리나라의 전통시장도 유통환경의 급속한 변화, 소비자욕구의 다양화, 그리고 전대미문의 코로나19 사태로 인해 오히려 위기의식 속에서 침잠하고 있던 전통시장이 일깨워졌다. 특히 시장상인뿐만 아니라 정부관계자들과 지역경제 활성화를 걱정하는 지방자치단체와 지역주민들에게 커다란 각성의 계기를 마련해 주었다.

2017년까지 정부지원 사업에 골목형시장 육성사업이라는 것이 있었다. 필자는 2016년에 경기도 파주시 광탄시장과 수원시 매산시장, 그리고 2017년에는 서울 서대문구의 인왕시장 등에 수석위원으로 돕는 일을 하였다.

그런데 지금 파주광탄시장은 수도권 북부지역의 관광경매시장으로 수원 매산시장은 수원역을 중심으로 하는 수원관광 허브역할을 하는 시장으로 서울인왕시장은 서울 서부지역의 농산물도소매시장으로 자리매김하여 나름대로 존재 의미와 특성화 경쟁력을 키우고 있다.

　미래의 전통시장이 지속적으로 존재하기 위해서는 스스로가 존재 가치를 발굴하여 삶의 '숨터'로서 차별적이고 매력적인 기능을 갖추어 발휘할 때 비로소 존재의미가 확실하게 부각될 것으로 믿는다. 이를 위해 필자도 앞으로 우리나라 전통시장이 '삶의 숨터' 기능을 충실히 이행할 수 있도록 최선을 다할 것을 다짐해 본다.

나도
자연인이고 싶다

채 영 제

자유로운 영혼
쌀 100가마 친목계
화향백리 주향천리 인향만리
사회적경제를 꿈꾸다
인생은 여행의 연속
독서는 나의 즐거움
내가 사는 집 지어보기
향기촌에 살다
나도 자연인이고 싶다

자유로운 영혼

나는 자유로운 영혼이다.

아니 자유로운 영혼이고 싶었다. 그러나 난 6남매의 장남으로 태어났다. 위로 누님이 세분이나 계시고 난 넷째지만 장남이었던 것이다. 가난하지만 초라하지 않은 시골의 농부의 아들로 살아가기가 시작된 것이다. 전해들은 바로는 매우 환영받는 탄생이었고 애지중지 금지옥엽... 그 무엇으로도 비교가 안 되는 것이었으리라. 나중에 보니 딸부자 집 일곱 번째 막내로 태어난 아들의 이야기가 매체를 장식했던 것을 본적이 있다. 거기에 비교할 정도는 아니었지만 그래도 장남은 장남이었다. 그 시절 장남이 뭔지도 모르고 살던 유년시절을 보내다가 어느 날 알게 된 것이 대한민국에서 장남으로 살아가기 위해서는 자유로운 영혼은 잠시 덮어둬야 하는 사치란 것을 알게 되었다

꽤 많은 시간이 흐르고 성년이 되고, 결혼을 하고 아이를 낳고 살던 중 어느 방송국 아나운서가 쓴 책을 보게 되었다. 그 분도 역시 장남으로 태어나서 겪어온 이야기였다. 가족 공동체에서 장남은 동생들과 생각이 달라야 하고 부모의 기대와 관심에 시기의 대상이 되기도 하며 때에 따라서는 가정이라는 조직을 이끄는 수장이자 리더가

된다. 능력이 있든 없든 그렇게 위치가 고정되면서부터 리더이자 수장으로서의 능력을 서서히 배워가는 것이 아닐까 생각했다. 이후, 결과에 따라서 집안이 흥하고 망하는 이유의 중심에 서기도 한다.

여기서 저자는 장남이 결혼하기 어려운 이유로 '양손에 떡을 들고 하나도 놓치기 싫어하는 남자들의 욕심' 이렇게 표현하기도 했다. 장남과 결혼하는 맏며느리는 처신, 경제력, 외모, 학력 이 모든 것을 갖춘 여성을 만나야 하기 때문이라고 하는데 이는 모든 남성에게 해당되는 되는 사안이 아닐까 생각한다. 이렇기에 힘들었다고 얘기는 하나 한편으로는 다행이라는 단어를 생각하게 한다.

현재의 우리 사회는 '진정한 리더는 없다.' 그러나 '리더가 되기 위해 설치는 욕망만이 판을 치는 세상'이라고 한탄을 한다. 이 이야기는 예전이나 현재나 똑같다고 하는 것이 중론이다. 나는 선택하지는 않았지만 장남으로 태어나서 베푸는 삶을 살아오려 노력했고, 알게 모르게 리더십의 압박에서 살아왔다. '넌 우리집안의 장남이란다', '맏상주야', '형이 잘해야지' 등등 아직도 그때 들었던 말들이 귀에 생생하게 메아리쳐 온다.

동생들이나 누님들께서 어찌 생각하는지 물어본 적은 없다. 그냥 그럴 것이다라는 것이 내 생각이기는 하나 장남으로서 리더십을 몸소 경험으로 배우면서 살아왔다. 모범을 보이려 공부도 열심히 했고 생활도 열심히 했지만 아직도 미흡한 곳을 찾아서 지적하고 아픈 곳을 찌르는 주변인들도 있다. 또한, 현재의 사회생활 역시 가는 많은 곳에서 리더의 자리를 전전한다. 어느 날, 나의 의사와는 달리 그 자리에 올려놓고 마구 흔들고 있다. '대표가 이래서야 되나?', '이사장님?', '운영위원장님?', '회장님?'...

저자가 말하는 리더십이 부재한 시대에는, 집안을 일으키고 아우들을 배려하는 형의 마음으로 사람들을 대하는 장남의 정신이 필요하다고 말하고 있다. 장남이란 베풀고 나누는 삶을 실천하는 사람으로 우리 사회의 기본적인 동력이기에 말이다.

그러나, 그러나 말이다.

이제는 자유롭고 싶다. 난 그동안 그렇지 못했다고 생각하기에 자유로운 영혼을 강조하고 있다. 틀에 박히지 않고 지나친 계획에 의하지 않고 그야말로 바람이 불어오는 곳, 물이 흐르는 곳으로 가고 싶다. 산, 강, 들, 호수, 섬 등등 갈 곳은 많다. 어디부터 떠나볼까? 매일 생각이 많다. 그러나 실행에 옮기는 것에 자유롭지 못하다. 여행도 다녀본 사람이 한다. 그것도 치밀하게 계획을 세우지 않으면 많은 고생이 따른다고 한다. 틀에 박히지 않고 지나친 계획에 의하지 않으려 했는데 계획을 세워야 한다니……

물이 흘러가듯 가보자. 도덕경(道德經)에서도 물처럼 살라는 구절이 있다. 그렇다고 물처럼 사는 것이 결코 쉽지는 않다고도 한다. 상선약수(上善若水) '가장 아름다운 인생은 물처럼 사는 것'이라고 하는데 이제는 아름다운 인생을 살아보자. 물처럼 세상의 변화와 같이 호흡하며 자연스럽게 살아야겠다. 일단 자동차에 시동을 걸고 남도 여행을 시작해 보면 어떨까? 그곳에는 자유와 평온과 쉼과 여유와 음식과 낭만이 있지 않을까?

쌀 100가마 친목계

'장려쌀'을 아십니까?

장려쌀을 모르는 사람들도 많을 것으로 생각한다. 내가 유년시절을 보내던 시골에는 이 제도가 꽤 많았다. 기나긴 겨울을 나고 이른 봄에 곡식이 떨어지면 쌀 한 가마를 얻어다 먹고 가을에 추수한 쌀을 한 가마 반이나 되돌려 갚은 제도가 바로 장려쌀 제도이다.

대부분 시골의 소농들이 겪었던 이 제도는 봄철 식량이 바닥나는 시기, 동네 사람들 너도나도 집안에 식량이 떨어지면 동네 부자들에게 손을 내밀었다. 그들은 여유있는 쌀을 풀면서 선심을 쓴다. 선심을 가장한 폭리요, 고리대금으로 표현해도 손색이 없는 구조였다. 부자가 쌀을 꾸어주니 가난한 사람들은 당장에 먹을 것이 없기에 나중에 쌀 갚는 것은 뒷전이고 당장은 거저 생기는 쌀을 좋아하며 얻어 가는 그 쌀이 바로 장려쌀이었던 것이다.

우리집도 어쩔 수 없이 그 통 속에 몇 번은 빠져 힘들어하시는 부모님의 모습을 본 기억이 있다. 그 시절, 이 제도에서 탈피하고자 생긴 또 하나의 제도가 '계'였다. 각종 친목계가 많았고 그 계에서도 크고 작은 불상사가 있어서 작은 마을에 난리가 났던 기억도 아스라이 숨겨져 있다. 또한 제법 규모가 큰 계로는 장사 밑천이나 땅을 구입하기 위해 큰돈이 필요했던 사람들이 모여서 십시일반 도와주던 계가 있었는데 그 계가 쌀 100가마 친목계였다.

그 어느날 우리집 문제를 해결하고자 100가마 계가 구성 되었었다. 문제를 해결할 수 매우 있어서 좋았지만 그 다음에 갚아가야 했던 아픔이 참으로 길었고 힘들었다. 사실은 생각하고 싶지는 않았지만 이렇게 글로 적고 있는 내 모습을 보니 그래도 한구석 추억으로 남아있는가보다.

지금은 덜 하지만 예전에는 많은 사람들이 정에 치우치고 외면을 하지 못하여 보증이라는 굴레에서 자유롭지 못하고 가장 가까운 사람에게 배신을 당하고 사람 잃고 돈 잃는 일이 꽤나 있었다. 우리집도 이와 같이 사촌의 사업에 보증을 서 주었다가 전 재산을 날리는 일이 있었다. 그때 우리집 사태를 수습하려 인척들이 모여서 급하게 구성한 것이 쌀 100가마 친목계를 하게 된 것이다. 그 당시 쌀 100가마의 환산된 현금이 550만원이었다. 쌀 100가마의 위력은 현재보다는 높았다고 생각이 든다. 어찌되었든 사태는 수습이 되었지만 갚아가야 했던 문제가 기다리고 있었기에 갚아가야 했던 그 아픔은 말하고 싶지 않다.

쌀 100가마를 탈 때는 좋았다. 그러나 그 100가마를 타고나서 7년여 기간 동안 갚아야 하는 상황으로 바뀌니 장려쌀 제도보다는 덜했다고 생각은 들지만, 없는 사람들이 겪어야 하기에는 벅찬 일임에는 틀림없다. 이 계의 특성은 후순위로 타는 사람일수록 점점 가마니 숫자가 늘어나는 구조로 상황이 변한다. 모두 그런 것은 아니지만, 우리의 계는 다음과 같다. 처음에는 계를 타는 사람을 제외하고 모든 사람이 똑같은 양의 쌀을 내어 100 가마를 만드는 것으로 시작된다. 하지만 일단 선순위로 쌀을 받은 사람들은 희미한 기억에 의하면 받은 쌀에 약 20%를 더 내야했고, 이러한 구조가 지속되다보니 마지막 타는 사람은 꽤 많은 쌀을 타는 것이었다.

그때 당시 나는 보통 노동자보다 많은 월급을 받았었는데, 그 계를 위해 갚아야 하는 돈의 액수가 커서 월급을 받고나면 남는 것이 거의 없을 정도로 큰 금액을 적립해야 하였다. 그렇게 7년이라는 시간을 보냈다. 내가 현재까지 살아오면서 그때처럼 힘든 시기는 없었다고 생각한다. 이 또한 내가 성장하는데 밑거름이 된 것도 사실이고 현재의 나를 만들었음에 틀림없다. 그러고 보니 예나 지금이나 돈을 가진 사람이 돈을 버는 세상에는 변함이 없는가 보다.

요즘은 트롯 노래의 전성기다. 나도 가끔 흥얼거리는 노래가 '막걸리 한잔'이다. 그 노래에는 '황소처럼 일만 하셔도 살림살이는 마냥 그 자리. 우리 엄마 고생시키는 아버지 원망했어요. 아빠처럼 살긴 싫다며 가슴에 대못을 박던 못난 아들을 달래주시며 따라주던 막걸리 한잔' 이라는 가사가 있다. 이 노래의 가사에 나타난 것처럼 어렵게 살았던 소농이나 소작농이라면 '장려쌀'이나 '쌀계'에서 자유롭지 못하였을 것이라 생각이 들면서 씁쓸한 생각을 지울 수 없다.

> 화향백리
> 주향천리
> 인향만리

   나는 어머님의 영향을 받아 꽃을 좋아한다. 아버지의 영향을 받아 술을 좋아한다. 인생을 살다보니 사람을 좋아하게 되었다. 물론 나를 힘들게 하는 인간들도 있었지만 그래도 있는 것 그 자체로도 도움이 되는 많은 사람이 있었던 것이 사실이다.

   요즘은 술을 좋아하고 가까이한다. 예전 힘들었다고 표현하던 시절에 그래도 위안이 되었던 것은 가까운 사람들과 한잔하는 시간이었다고 생각이 든다. 술을 칭송하는 말로 '도수불문, 혼탁불문, 국적불문, 장소불문….' 등등 술 애호가들이 노래를 한다. 나도 가끔은 이러한 객기를 부리기도 했지만, 세월이 가면서 그 객기가 점점 줄고 있음을 부인하지 못한다.

   '꽃의 향기는 백리를 가고, 술의 향기는 천리를 가며, 사람의 향기는 만리를 간다'는 이 표현은 많은 곳에서 회자되고 있다. 그만큼 사람 사는 세상은 아름답다는 것이리라. 꽃의 향기는 백리를 가는 것에 대해서 이렇다 할 이유를 묻는 사람은 없다.

술의 "酒" 字를 보면 물수변에 닭유로 되어있는 것을 알 수 있다. 이렇듯 술은 닭이 물을 마시듯 천천히 마셔야 하는데 내 주변의 친구들 중에는 속이 빈 상태에서 첫잔은 쭉 한 번에 비워야 하는 주법을 자랑하는 알고 보면 못된 버릇이 있다. 친구들 또한 그 객기가 줄어들고 있음이 다행인지 아쉬움인지 모르겠지만 말이다.

지금 나는 사람의 향기가 물씬 풍기는 마을을 만들자고 나서는 사람들의 중심에 있다. 그래서 시간만 되면 꽃을 심고 길을 내고 사람을 모으고 있다. 아직은 아니지만 술도 만들어서 마시자고 다짐을 했다. 막걸리 담당, 과실주 담당, 맥주 담당 등등 우리끼리 정해놓고 그도저도 아닌 사람은 구입담당을 자청하고 있다.

사람의 향기를 이야기해 보자. 사람 사는 세상, 사람의 향기가 나는 마을을 만들자고 나선 정신나간 사람들이 있다. 생활공동체인 사회적 가족을 추구하는 공동체 마을에서 사람의 향기를 만들어보자

화향백리
주향천리
인향만리

고 하고 있다. 예전의 농산어촌은 마을공동체가 살아 숨 쉬는 곳 이었다. 마을공동체란 이름도 없이 각종 마을의 대소사에 공동참여하고 같이 기뻐하고 슬퍼하던 정이 넘치는 마을이었다. 그러나 우리 농산어촌은 인구의 감소, 경제활동의 부족, 정주환경 악화 등의 어려움을 지속적으로 겪으면서 상대적으로 저성장의 악순환을 되풀이하고 있다. 지난날 우리 마을에는 농촌 인구 비중이 절반을 넘었었다. 최근 나와 같은 귀농·귀촌 인구가 있어서 소폭 증가하였다고는 하지만 아직 멀었다. 게다가 농산어촌의 고령화율은 큰 폭으로 증가하고 있는 것이 현실이다.

공동체는 사람들이 모여 하나의 유기체적 조직을 이루고 목표나 삶을 공유하면서 공존할 때의 조직을 일컫는다. 공동체가 잘 운영되려면 공동체 의식의 통일성이 높아야 한다. 공동체 의식이란 자신이 공동 사회의 한 구성원이라는 소속감이다. 소속감이 높아야 개인이 공동체에 기여하기 위하여 자발적으로 노력하려고 할 것이기 때문에 각 구성원의 공동체 의식은 한 공동체를 구성하는데 핵심적인 역할을 한다. 공동체의식이 기반이 되는 것은 어떤 것을 공동으로 소유, 관리, 이용하고 있다는 물적 기반에 대한 공유적 가치관과 나의 행복을 위해 이 모임이 절실히 필요하다고 하는 공동체와의 일체감이 중요하다. 단순한 감정적 결속보다는 물적 기반에 대한 운영원리에 대한 공감, 공개적이고 투명한 운영, 그리고 질적으로 더 강하고 깊은 관계가 나에게 행복을 가져다준다는 확신 등이 매우 중요하다.

이와 같이 향기가 나는 마을 만들기의 중심에 내가 그 가운데 있는 모습을 발견하였다. 자유로운 영혼을 내세우던 나는 어디 가고 이렇게 골치 아픈 중심에 서 있는지 모르겠다. 그 이유는 아마도 사람

사는 세상, 사람의 향기가 나는 세상을 꿈꾸는 것 아닌가 생각해 보곤 한다. 사람이 모이면 자연스럽게 주변을 가꾸기 위해서 꽃을 심을 테고 술을 빚어 마시고 이야기를 꽃 피우다 보면 아름다운 세상, 사람 사는 마을의 향기가 만리를 가지 않을까 생각하면서.....

사회적경제를 꿈꾸다

내게 요즘의 화두는 사회적경제다. 사회적경제는 사람이 중심이 되는 사회를 말한다. 사회정의에서 시작된 사회정의(Social justice) 즉, 개인에게 정당한 몫에 대한 권리, 책임의식, 이익을 정당하게 부여하는 것이다. 기회의 균등한 분배와 투명한 사회를 지향하는 것을 함축시킨 사회-철학 용어이다.

나는 사회적 경제 이전에 사회적기업과 인연이 닿았었다. 우연히 접하게 된 '사회적기업가 양성 아카데미'가 계기를 만들었다. 아주대학교 평생교육원에서 무료로 진행된다는 이야기를 듣고 주변의 몇몇 사람들과 의기투합해서 접수를 하고 준비된 프로그램에 따라 강의를 듣기 시작했다. 그런데 듣게 된 강의 속 많은 이야기가 바로 내 이야기처럼 들리기 시작했다. 몇 분의 강사는 실없이 웃으면서 부담감을 주는 분도 있었지만 정신과 의사이면서 사회적 기업가로 수원에서 이름이 유명세를 타고 있는 분이 자신의 이야기를 하면서 풀어가는 강의에 매료되었던 것이 지금의 사회적경제와 엮여가는 상황으로 발전했다.

지금도 수원에서 정신과 병원을 운영하고 있는 의사이다. 이 분이 운영하는 사회적 기업은 장애인을 훈련시켜 운영하는 '우리동네 커피집' 인데 야심차게 시작한 1호 커피집이 늘고 늘어서 당시 7개점을 운영하는 것으로 기억된다. 물론 커피집은 이익이 미미한 상태였고 장애인과 비장애인이 같이 운영하고 있었기에 적자를 면하는 것 자체가 신기할 정도였다. 나중에 안 사실이지만 많은 비용을 병원장인 이 분이 메우고 있다는 후문이 있었다.

최근에 이분의 뉴스가 심심치 않게 SNS에 올라온 것을 보았는데 "정신질환, 미친 게 아니고 아픈 것"이라는 표현을 해서 나의 시선을 또 끌었다. 이 글이 내게 시선을 끌게 한 또 다른 계기는 같이 포럼식구인 김창배 박사의 발달장애인 해설에서 발달장애인은 단지 지능지수가 낮은 것 뿐이고 똑같은 사람이라는 인식을 심어줘서 더욱 나의 시선을 끌었던 것이 아닐까 생각된다.

사람들의 지능지수도 균일분포 곡선으로 이루어져 소수의 높은 지능지수를 가진 사람을 '영재 또는 천재' 라는 표현으로 세간의 관심을 받는데 비해 소수의 낮은 지능지수를 가진 사람은 젊잖게 표현해서 '지적장애'라 하고 관리대상으로 분류하고 있다는 것을 깨우쳐 주었다. 지능지수가 높아야 사람이고 지능지수가 낮은 사람은 사람이 아니라고 하는 이 구조가 문제라는 것을 이야기 할 때 나는 망치로 머리를 한 대 크게 맞은 느낌이었다.

김창배 박사의 이야기와 마찬가지로 정신질환을 가진 환자들도 분류된 환자의 80%는 병동이 아니라 사회의 구성원으로 밖에서 살아갈 수 있다고 한다. 적어도 50%는 충분한 조건을 갖추었음에도 불구하고 사회의 편견과 선입견이 문제되어 보호의 대상으로 격리되어 병원에 수용되어 있다고 문제를 제기하고 있다.

또 다른 책 <어른이 되면>에서도 알게 된 지금은 국회의원이 된 작가님의 책에서도 느낀 바가 크다. 장애인 거주 시설에서 지내온 동생을 세상 밖으로 나오게 하기까지의 이야기를 담은 책이다. 이 책을 우리 포럼 식구들이 같이 읽으면서 느낌을 나눈 토론 기회가 또 나를 성숙하게 하였다. 이 책에서 기억에 남는 구절이 있는데 발달장애로 태어난 동생을 향해 할머니께서 푸념 섞인 말투로 자주 하셨던 '저 년을 죽이고 내가 죽어야 집안이 평안하지'라는 대목이 있다. 이 말투의 느낌 속에는 내가 어린 시절 자라던 동네에서도 비슷한 상황에 있었던 할머님의 넋두리 소리가 들리는 듯하다.

어느 고을이나, 집안이나 비슷한 상황이 있을 수 있다. 그러나 내 기억에는 그런 사람들이 놀림의 대상이 되기는 했었으나 같이 어울려 살아왔었다. 지금은 기피의 대상으로 격리의 대상으로 보호의 대상으로 구분하는 것이 안타까운 세상이다.

그럼 나는 '무엇을 하려고 사회적 경제에 관심을 갖는가?'라고 자문을 해본다. 사회적 경제를 접하면서 가장 많이 들었던 단어가, '사회적 약자'이다. 사회적 약자를 분류하면 또 다시 신체적, 정신적, 권력적, 경제적, 문화적 등등 여러 종류로 분류되어 매우 복잡하다. 가장 대표적인 것이 장애인, 노인, 북한이탈주민, 결혼이주여성, 소년가장 등등이다. 여기서 노인이라고 보기에도 애매한 '55세 이상'도 사회적 약자이다.

그럼 나도 '사회적 약자'다. 종류로 구분해 보면 해당이 된다만 나는 사회적 약자의 그 속에 들어가기를 거부한다. 나는 사회적 약자를 거들어 주는 사람이 되고싶다. 그래서 지금 귀촌해서 살고 있는 충청남도 홍성에서 사회적 약자를 돌보는 일을 하고자 '사회적농업'을 준비하고 있다. 사회적 농업, 그 중심에는 홍성 지역의 노인의 돌봄과 지역 초·중등학교의 특수반 학생에 관심을 가지고 있다. 우리가 가지고 있는 자원을 이용하고 농림축산식품부에서 추진하는 사회적 농업에 관심을 갖고 교육을 받았고 실태를 파악하고 있다.

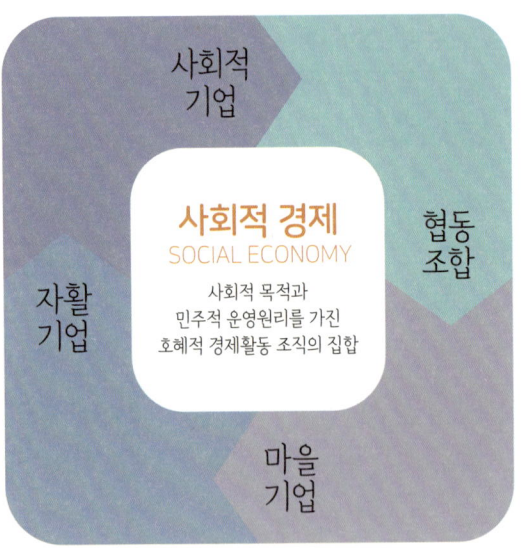

그러나 한국의 사회적경제 상황은 제도에 기대어 발전한 것으로 탑다운 방식으로 자활지원사업, 사회적 일자리 창출사업, 사회적기업 육성법, 협동조합기본법 제정, 마을기업지원제도 등 정부의 인건비 지원을 통한 일자리창출과 설립지원을 통한 양적 성장 위주의 제

도와 정책에 의해 동시에 발전해 왔기에 독자적인 발전경로와 방법에 대한 고민과 성찰이 부족한 부분을 시급히 개선해야 한다.

현재의 우리는 이 제도에서 자유롭지는 못하다. 또한 능력도 부족하다. 동승, 동행하면서 단계단계 추진하고 소화하고자 하지만 갈 길은 멀기만 하다. 사람 사는 세상에서 공동체 정신을 가지고 함께 공부하고자 주말이면 모여서 토론을 한다. 그 과제를 해결할 장소로 종합 공간, 카페 및 식당, 회의실, 각각의 주체 사무실을 만들고 주택 건설을 시작했다. 일단은 공동체 공간 구성과 함께 차근차근 나아가고자 한다.

인생은
여행의 연속

요즘 한 달에 한 번씩 만나는 분이 있다. 이 분은 현재 제주도에서 살고 있지만 우리의 공동 관심사의 중심에 있기에 제주도에서 한 달에 한 번씩 서울로 올라오고 있다. 돈이 되는 것도 아니고 명성을 얻는 것도 아니면서 자신의 경험을 나누려 재능을 기부하는 셈이다.

이분은 집을 팔아서 자동차로 세계여행을 한 분이다. "내 차로 지구 두 바퀴 반"으로 유명세를 탄분이다. 궁금하신 분은 인터넷에서 검색이나 유튜브를 참고하기 바란다. 그리고 지금 살고 있는 집은 월세에 산다고 한다. 그리고 여행에서 얻은 추억을 먹고 산다고 한다. 그 추억을 나누러 한 달에 한 번씩 그것도 가장 먼 제주도에서 비행기를 타고 온다.

사실은 이 분을 알기 전에 버스를 타고 가족이 세계여행을 떠났었던 "빼빼가족 버스 몰고 세계여행"이라는 영상을 먼저 알았고, 자전거로 세계여행을 떠난 여성의 이야기를 듣고 만났었다. 그래서 나도 세계여행을 해볼까? 하는 생각 속에 빠졌다가 이 분을 만나게 되었던 것이다.

이 여행의 계기는 이렇다. 행복한 문화 나눔 운동을 하고자 기획자가 나타났고 실천가가 등장했고 동조자가 모였다. 난 기획자도 아니고 실천가도 아니고 이 기회를 노려 편승하고자 하는 동조자이다. 실천의 중심에 있는 분은 기획자이면서 단장으로 추대된, 유명세를 탔던 그 분이다. 그 분은 말한다.

> *"여행은 돈 많은 사람이 가는 게 아니다.*
> *시간이 많은 사람이 가는것도 아니다.*
> *여행은 가려고 노력하는 사람만이 가는 거다"*

이 운동은 자동차 여행으로 '유라시아 자동차 원정단 (유라자원)'이라고 명명하였다. 우리의 꿈은 자동차를 운전하여 서울에서 강릉으로 가서 배를 타고 러시아의 블라디보스톡을 시작으로 유라시아의 끝단인 포르투칼 리스본까지 다녀오는 자동차 여행을 하고자하는 것이다.

이 계획을 입안한 분이 있고 이를 실천할 분이 나섰고 이에 동조하는 회원이 모여 2년 후, 약 4개월의 일정으로 35,000km를 SUV 자동차 5대를 준비해서 약 20여명이 같이 움직일 예정이다.

여행을 자주 다니는 여행 마니아들은 여행은 세 번의 추억으로 이루어진다고 말한다. 여행을 계획하면서 설레임으로 한번 여행을 다니면서 즐거움으로 두 번 여행을 다녀와서 남는 추억으로 세 번을 경험한다고 한다. 모두 즐거움의 연속이 아닐까 생각 속에 빠지면서, 지금은 계획 단계이니 준비하면서 설레임의 시간이다.

그동안 여행을 많이 다니지는 않았다. 경제적 사정을 가장 많이 꼽기도 했지만 시간이 없어서도 이유의 하나였다. 누가 말했다. 고기도 먹어본 사람이 잘 먹고 여행도 다녀본 사람이 계속 다니는 것이라고.

여기에 속하지 않은 사람은 여러 가지 핑계 거리도 많다고 한다. 통계로도 나타났다고 하는데 외국여행을 다니는 사람은 전체 인구의 13% 정도에 머문다고 한다. 이것은 정확한 수치는 아닐 것이라 믿고 싶다.

여행을 다니는 사람의 유형을 두 가지로 나눈다고 한다. 하나는 꼬박꼬박 저축을 해서 계획을 세워 가는 사람, 또 하나는 일단 다녀오고 나서 비용을 갚아가는 사람이라 하는데, 어떤 유형이든 장점과 단점이 있단다.

나의 경우를 꼽으라 하면 준비해서 가는 유형이다. 그런데 이 경우는 정성들여 비축해 놓은 비용이 여행을 가려고 하는 시점에서 변수가 생겨 못가거나 아니면 그 비용을 다른 곳으로 지불해야 하는 상황이 도사리고 있다란. 그래서 못가는 상황으로 돌변할 가능성이 많다는 것이다. 그래서 내가 많이 다니지 못하지 않았을까 생각해 본다.

두 번째 상황은 일단 실행에 옮기게 되는 확률은 높은데 다녀와서 그 비용을 갚느라 스트레스를 받을 가능성이 많다는 것이다. 그런데 이번 자동차 여행은 준비가 따르지 않으면 안 되고 참여하는 회원도 많아서 자연스럽게 나의 유형에 맞는 비용까지 준비과정을 거쳐서 실행에 옮겨지게 되는 것이다. 그러하니 기획도 철저히 하고 이에 따르는 준비도 꼼꼼하게 하여야 하고 경험이 있는 실천가가 꼭 있어서 맞춤형 여행이 되어야 한다. 그래야 추종자들이 안심하고 다니게 되지 않을까 생각한다.

> *여행은 인간을 겸손하게 만든다.*
> *세상에서 인간이 차지하는 영역이 얼마나 작은 것인가를 깨닫게 해준다.*
> *- 프리벨*

이제 겸손해져야겠다. 그동안 겸손했다고 여겼던 마음을 내려놓고 정말 겸손해지자. 그리고 인간이 차지하는 영역이 얼마나 작은 것인가를 깨달으러 가자. 그러기 위해서는 비용도 비용이지만 일단 체력이 가장 중요한 것, 이를 위하여 준비하는 자세로 돌입하자.

독서는
나의 즐거움

　나는 나름 책을 많이 읽었다고 생각했었다. 왜냐하면 가방끈이 길기 때문이다. 그런데 가방끈이 길어지기까지 읽은 책은 대부분 전공과 관련된 서적이지 나의 마음의 양식이 되고 지침서가 되는 책은 돌이켜보니 몇 권에 불과하였다. 그 몇 권도 제목만 생각나지 내용이 전혀 생각나지 않았다. 이 또한 돌이켜보니 학교에 다니면서 의무적으로 읽고 독후감을 써내야 하는 책들이었던 것이다.
　참으로 한심하다는 생각이 들었던 즈음 몇 명이 모여서 책을 읽고 토론을 하자는 권유를 받고 처음에는 내키지는 않지만 참여를 하기 시작했다. 그 시작이 벌써 몇 년을 지나고 있다.
　참으로 신기하다. 이 모임에서 발표했던 책 중에 가장 생각이 나는 것이 '어린왕자'다. 이 책은 꽤 오래전에 읽었던 책임에는 틀림없고 저자인 프랑스 작가 생텍쥐페리도 생각난다. 그런데 왜 내용은 생각이

나지 않을까를 곰곰이 생각해 보았다.

　답을 찾아가지 못할 즈음에 영화가 개봉되어 책을 읽기 전에 영화부터 보기로 했다. 애니메이션으로 제작되어서 그런지 관객의 상당수가 어린이와 그 부모들로 개봉관은 꽉 찼다. 영화가 시작되면서 다시 나의 머리는 복잡해졌다. 다시 책을 읽지 않고 오기를 잘했다는 생각과 함께 펼쳐지는 장면을 보면서 가슴이 답답해지고 예전의 기억은 하나도 없고 모든 것이 생소한 느낌에 당황까지 되었다.

　그럼 이곳에 온 어린아이들은 저 영화를 보고 이해를 할까?
　아니 재미는 있어 할까?
　어린 자녀를 데리고 영화를 보러 온 부모들은 어떤 마음으로 이 영화를 보러 왔을까?
　부모들은 이 영화를 보고 어떤 느낌을 가질까?
　혹시나 영화를 보면서 반성을 할까?
　자녀 교육을 위해 어떤 생각을 가질까?
　등등 생각이 많았다. 그러면서 느낀 점은 이 영화는 어린이가 보기 전에 선생님이나 부모 등 기성세대들이 꼭 보아야 할 것으로 생각되었다. 책 또한 마찬가지다.

　예전에 나는 제대로 된 독서를 해보지 못했다. 그저 학교에서 국어 선생님이 추천하는 권장도서로 읽어야 했고 읽고 난 후 독후감을 써야 하는 사명감에 불타서 선정된 책을 읽었을 뿐이라는 생각에 부끄러웠다. 선생님은 수업에다가, 담임에다가, 부여된 업무에 지치셨을까? 기억으로는 우리들에게 질문할 기회나 의견을 물어본 기억이 없다. 그저 선생님께서 제시한 해설을 토대로 시험에 나오니 그래도 열심히 외우기만 하면 시험을 잘 볼 수 있어서 그렇게 공부했던 것은 아닐까? 생각해 보았다.

　선생님께서 설명하여 주시는 것이 정답이니 그것을 열심히 외워야 했고 그래야 잘 이해한 것으로 생각했을 것이다. 그것을 다른 시각으로 나의 생각을 전할 그런 생각도 실력도 없이 선생님의 말씀을 잘 듣는 모범 학생으로 남았던 것이 아닐까? 그 시절에는 외워야 하는 것은 시, 시조는 물론이고 훈민정음 서문, 국민교육헌장 등 꽤나 많았던 기억이 있다. 그것을 암기해서 단상에 나가 발표했던 기억이 새롭다. 그때 암송을 못해서 혼나고 종아리를 맞던 친구들이 있어서 나는 더더욱 심혈을 기울여 외워서 발표했던 기억과 지금도 일부는 흥얼거릴 수 있는 내용도 많다. 학생들 개개인의 특성이나 잠재력이 각기 다를 텐데 그때는 선생님의 영향력이 매우 커서 전해주시는 내용에 밑줄 치고, 설명 적고, 별표까지 달아서 책이 온통 낙서 투성이었다. 그 때는 시나 소설에 대한 많은 해석 내용들이 거의 같았을 것이라 생각해 본다.

　그때 전국의 모든 학생들은 주입식 교육으로 인하여 감상평 또한 똑같은 내용으로 기억하고 있지 않을까 생각해 본다. 지나고 보니 그때 다른 생각을 말하면 돌아오는 선생님의 말씀이 곱지는 않았을 것이라 생각이 드는데 오해일까? 사실은 지금도 이 '어린왕자'의 내용이 완전히 이해되지 않고 있다.

　영화 초반에 자녀의 의사와는 무관하게 엄마가 계획한 의도대로 열심히 따라가던 자녀가 새롭게 눈을 떴다는 것이 얼마나 다행인지 모른다. 나는 지금도 학창시절 선생님의 지도 안에 있는 내용대로 정리해 준 것을 외우는 것이 필요할지도 모른다. 어린왕자 내용에서 누가 보아도 모자로 보이는 그림을 모자 속에 코끼리가 들어 있다고 생각도 안되는데, 어떻게 보아뱀이 코끼리를 삼킨 것으로 볼 수 있는가 말이다. 어떻게 해야 어린아이처럼 '순수한 마음의 눈'으로 볼 수 있을까?

　이 책을 주제로 우리 포럼식구들은 거의 2시간 정도 토론을 했는데 일부 공감을 하는 부분도 있었지만 제각기 감상평이나 느낌을 나누는 부분이 다르다는 것에 적잖이 놀랐다. 내가 기억하고 말하고 느낌을 전하고 싶었던 구절이 포럼 식구들에겐 다른 뜻으로 해석되기도 하고, 나는 그저 거쳐갔을 뿐인 구절에 대해서도 각자 너무도 다른 의미로 받아들이는 것에 새로움을 느낄 수 있었다.

　그래서 독서토론에 대한 애착이 생기지 않았을까 생각도 들었던 것이 사실이고 일부 도서는 건성건성 읽거나 다른 일에 쫓기어 읽지 못하고 참여하기도 하였다. 그 미안함을 이 곳에 남겨두니 우리 회원님들 이해하여 주기 바랍니다.

　이 활동을 하면서 주변을 살펴보니, 이러한 모임이 참으로 많고 이 계기를 토대로 저술까지 하는 모임도 있다는 것을 알게 되었다. 요즘은 일정한 장소에 모여서 이뤄지는 오프라인 모임도 있지만 인터넷 공간을 이용하여 만나는 온라인 팀들도 많다는 것을 알았다. 바쁜 사람들을 대신해서 책 읽어주는 '어플'도 있다고 하니 이제는 책 읽을 시간이 없다는 핑계는 정말 핑계에 지나지 않다는 말이 맞는 시대가 되었다.

내가 사는 집 지어보기

　진정으로 내가 사는 집을 갖고 싶었다. 그 어느 날, 우리가 살던 집을 우리 가족이 아닌 남에 의해 잃어야 했던 기억에서 진정으로 나의 집, 우리 집을 갖고 싶었다.
　그 동안 집이 없었던 것은 아니다. 전셋집을 시작으로 어렵게나마 소형 임대 주택의 행운을 얻어 살게 되었을 때 기분이 떠오른다. 그러다가 아파트를 구입하고 평수를 늘려 이사를 하고 이것을 반복하여 이사를 여러 번 했다. 그러나 왠지 아파트는 우리 집이기는 하나 느낌은 진정한 우리 집은 아니란 생각이 들었었다. 어느 날 업무상 서류 제출을 위해 발급받은 주민등록 초본을 보고 바뀐 주소의 그 수에 깜짝 놀라 그동안 거쳐 왔던 거주지를 생각하며 한동안 빙그레 웃어 보았었다. 그런 생각을 가지고 살면서 우리 집을 지을 땅을 보러 많은 곳을 다녔다. 친구들과도 다녀 보았고 혼자서도 여러 군데 다녀 보았다.

　그런데 그 당시 논이나 밭을 구입하려면 여러 가지 제약이 따랐다. 그렇다고 집을 당장 지을 수 있는 대지는 구입비가 만만치 않았기에 차선책으로 구입한 것이 강원도 횡성의 도로변 임야를 구입하였다. 임야를 구입할 때까지의 이야기도 우여곡절이 많지만 접어두기로 한다. 임야를 샀지만 당장 집을 지을 수 없어서 공상, 망상 나중에는 허상까지 보이는 상태가 지속되었고 잠자기 전 누워서 천장에다 집을 지었다 헐었다를 반복하였다. 혹시 나와 같은 경험을 한 사람이 있다면 이해를 할 것으로 생각된다.

　상상만으로도 즐거운 경험이 시간이 흘러 어느 날 결심을 하고 대략적인 스케치 한 것을 들고 군청 근처의 토목측량 사무실을 두드렸다. 거기서 건축사를 만나서 스케치 내용을 나누고 시작된 집이 약 1년여의 시간에 걸쳐서 완성이 되었다. 그 중간중간 이야기를 모두 나눌 수 없지만 사정상 빠르게 지을 수 있고 경제적인 구조의 집을 지을 수 있는 것만으로도 행복했다. 친절한 건축업자를 만난 것은 나중에 알았지만 천운을 얻을 것이라고들 전해주는 사람들이 많았다. 집을 지어본 사람의 약 60% 이상이 건축업자와의 갈등으로 몸과 마음이 상한 경우를 수도 없이 들어서 나는 행운아라는 생각이 들었다. 건축업 사장님과의 관계는 쭉 무난하게 진행할 수 있었지만 토목측량 관계자와의 갈등과 집을 완성시켜 놓고 준공을 위한 군청 관련 공무원과의 관계로 한동안 마음고생을 한 것은 사실이다. 그 사연을 모두 나눌 수 없지만 그래도 실제 집을 지어주시는 사장님과의 관계가 좋아서 진척 상황을 카메라에 담고 정리하는 것 그 자체만으로도 얼마나 즐거운 경험이었는지 모른다.

지금은 안정이 되고 잔디도 잘 자라주었고 어느 정도 주변 정리도 되었으며 봄부터 잡초와의 전쟁과 여러 종류의 벌레들과는 친구가 되어야 하는 것도 알았다. 직접 길러야 하는 수고를 감수하면서 각종 쌈채소 종류와 옥수수, 고구마 등이 주는 기쁨도 꽤 쏠쏠하다. 물론 모종을 사다가 심고 기르는 수고에 비하면 차라리 사다가 먹는 것이 싸다고들 하지만 그래도 안심하고 먹을 수 있는 먹을거리가 있다는것이 얼마나 즐거운지 모른다.

그런데 집을 지어서 생활하면서의 즐거움 속에 한편의 아쉬움이 도사리고 있어서 생각을 한 번 더 하게 된 동기가 있다. '모든 동물은 자기가 살집을 자기가 짓는다.'라는 것이다. 그런데 사람만 자기 집을 남에게 의뢰해서 짓고 그 과정에서 속 끓이고 아귀다툼을 하고 완성된 집은 친환경이 아닌 세멘콘크리트 아니면 대부분 나와 같이 경량철골에 의한 샌드위치 패널을 이용한다는 것이다. 예전의 우리집도 물론 남이 지었고 그때의 집은 흙벽돌도 아닌 시멘트 벽돌로 지어서 여름에는 덥고 겨울에는 춥고 했다. 그래도 즐거운 나의 집이었기에 불평도 없이 잘 살아왔다. 이후의 집은 대부분 아파트에 살다보니 콘크리트 집이었고 불량이니 공해니 아토피로 고생을 했다느니 등등 이런 것을 모르고 잘 살아왔지만 이제는 내가 살 집을 내가 지어보자는 생각에 어려운 경쟁력을 뚫고 강원도 원주 외곽에 있는 흙집학교에서 입학을 했다. 거기에 모인 15명의 수강생들은 모두 나와 같은 생각으로 전국에서 모여든 사람이었다.

그 경험을 가지고 이제는 충남 홍성군 갈산면 소재 향기촌에서 또 집을 짓고 있다. 여기는 생활공동체 사회적가족 만들기 사업으로 회원을 모집해서 각자 집을 짓고 있는데 향기촌에서는 공동체의 범위를 벗어나는 것에 한계가 있어서 100% 내 뜻대로 집을 짓기에는 한계가 있다. 여러 상황을 절충을 해서 짓고 있는데 비용이 또한 발목을 잡아서 첫 번째 지은 집과 비슷한 집으로 반복하고 있다. 정말로 친환경의 집을 내 손으로 짓고 싶었는데 말이다.

한 번 더 집을 지을 수 있는 기회가 있어서 동조하기로 하고 시작을 했는데 처음 집을 지을 때보다 어렵다. 설계에서부터 건축사와의 의견 충돌을 시작으로 지금은 집을 지어주는 건축업 전문가라고 자칭하시는 분과의 갈등이 시작되었다. 처음 집을 지을 때 누렸던 행운이 다른 분들이 집을 지으면서 겪었던 문제에 봉착하게 된 것이다. 어떻게 해결을 해볼까 하다가 마무리는 내가 배운 대로 분야별 전문가를 모시고 직접 지어야 하는 과제를 안게 되었다. 많은 부담이 되지만 경험으로 좋은 추억이 될 것이다. 이 시점에서 처음 집을 지어주시던 원주시의 그분이 생각난다. 한번 만나서 고맙다는 표현을 해야겠다.

우리는 삼세번이라는 말을 생활에서 많이 이야기 하곤 했다. 집을 지어보는 것도 삼세번이 되고 있다. 세 번째는 잘 준비해서 진행하리라. 좀 더 작은 집으로 친환경으로 새와 벌과 개미가 짓는 그러한 집을 상상하며 잠자리에 들기 전 천장에다 다시 집 설계 하고 있다.

향기촌에 살다

나는 경기도 양주고을 작은 시골에서 태어나 군대 가기 전까지 쭉 그곳에서 자랐다. 성인이 되어서 직장을 얻어 생활을 하기 시작한 곳이 안양을 중심으로 움직였으니 경기도에서만 살았던 것이다. 그러한 내가 베이비부머 중심에 있으면서 퇴직을 하고 조금은 여유로운 삶을 추구하고자 귀촌의 개념으로 충남 홍성군 소재 향기촌에서 살고 있는데 이러한 변화가 있을 것이라곤 생각을 해보지 못하고 어느 날 그렇게 거주지가 변했다.

향기촌은 산속에 있다. 그리 높지 않은 삼준산 자락 대사리에서 도 골짜기에 위치해서 지금 막 용트림하고 있다. 골짜기라고 해서 강원도 두메산골 같지는 않다. 그 지역에서 가장 위쪽에 위치해 있는 없던 마을을 만들어가고 있다. 갈산면 읍내까지는 약 6km이고 서해 바닷가도 7km 정도부터 서산A지구가 시작되는 천혜의 자연을 가지고 있는 곳이다. 소나무 군락이 사람을 편안하게 해주는 안정감 있는 골짜기에 집들을 짓고 살려는 사람들의 공동체 마을이다.

이곳은 도시 피난처이자 도시인의 집단 공동체 마을이며 행복한 문화나눔을 기본으로 하고 주민들이 생활환경을 같이하며 주민 서로에 대한 이해와 소통을 바탕으로 형성되었다. 공공의 이익을 위한 토지사용을 가능케 하고 이를 통하여 주민들이 자유롭게 생산, 교환, 분배, 소비가 이루어지게 하면서 이곳의 주민들은 경제적 걱정없이 잘 살 수 있도록 기반을 만들고 있다.

이 지역에는 도룡용과 가재가 살고 있는 청정지역이다. 이곳에 사람이 모여서 사회적가족을 만들기로 하였으며 그 첫발을 힘차게 딛고자 하는데 해결해야 할 일은 산적해 있다. 모두들 나서서 한가지씩 해결해 나가고 있으나 무에서 유를 창조해야 하는 많은 숙제를 앉고 있다.

이곳에 흥미를 느끼고 살고자 결정을 한 또 다른 것은 웰빙(Well-being), 웰에이징(Well-Aging), 웰다잉(Well Dying)을 추구하고 있어서 라고 나는 말하고 있다. 우리의 목표는 사람이 사는 세상을 만들기 위해서 사회적경제를 표방하고 그 중에서 협동조합을 중심으로 하려고 한다. 그런데 여기에 나와 같이 흥미를 느끼고 있는 대다수의 사람들은 나름 사회에서 한몫을 하던 분들이 많다. 각자의 자부심이 강한 사람들을 협동조합이라는 틀에 적응시켜야 하는 과제가 보통의 문제는 아니라고 본다.

26명의 운영위원이 모여 회의도 하고 파티도 하고 일도 하는데 그 중심 역할을 하고 있는 분이 촌장님이시다. 이분이 모든 주민들의 존경을 받으며 현재 일을 가장 많이 하시고 있다. 촌장님을 중심으로 운영위원들은 역할을 돌아가며 나름의 재능기부를 기본으로 하는데 이 일은 당분간 향기촌이 안정을 찾을 때까지 지속되지 않을까 생각한다. 그 시기를 앞당기고자 지금 여러 가지 향기촌의 변화가 이뤄지고 있고 그 중심에 나도 있다.

지금 이곳에서 나름의 역할을 하면서 집을 짓고 있는데 어느 시점에서 최종의 목표를 말하자면 진정한 자유인이 되고자 함이다. 산을 배경으로 4계절이 변화하는 가운데 그 변화에 적응하면서 자유로운 영혼으로 살아가는 터전을 구축중이다.

나도 자연인이고 싶다

"나는 자연이이다."라는 프로그램을 자주 본다. 그래서 '나도 자연인이고 싶다.' 그 꿈을 실현하기 위해 요즘 바쁘다. "사람은 자연이다." 즉 사람 자체가 자연이라는 정의를 내리는경우도 많이 보았다. 그러니 '나는 자연이다.' '나는 자연과 하나다.' 그러니까 '자연인으로 살자.' 이것이 나의 앞으로의 목표다.

자연(自然)이란, 自(스스로), 然(그러할), 그러니까 그렇게 되어지는 것이 자연이라고 생각하자. 이제는 순리대로 살자. 욕심을 내려놓고 살자. 주변의 이야기에 너무 일희일비 하지말자. 꾸미고 가꾸려고 시간낭비 하지말자. 있는 그대로 이치에 따라 자연스럽게 자연과 함께 살자. 자연의 일부로 살자.

자연인을 다음 백과사전에서는 '사회나 문화에 속박되지 않는 그대로의 사람을 말하나 법률적인 의미로서의 자연인은 법이 권리의 주체가 될 수 있는 자격을 인정하는 자연적 생활체로서의 인간을 말한다. 근대법 이후 모든 인간은 출생부터 사망에 이르기까지 완전한 권리 능력을 평등하게 인정받는다.'라고 정의하고 있다.

　다소 복잡하다고 생각이 들지만 많은 의미가 내포되어 있다. 아직은 아니지만 조만간 적어도 빠른 시간 내에 현재 해결해야 하는 과제를 어느 정도 마무리가 되는대로 누구의 간섭이나 책임으로부터 자유를 추구하고자 하는 것이 나의 작은 바램이다. 국민의 한사람으로서 법의 테두리 안에서 살고자 하는 것뿐이다. 자연인 프로에서 보면 나름대로 사정이 있고 건강상 문제 등 사연은 다양하다. 나도 그러한 부류의 한사람으로서 공기 좋고 물 좋은 곳에서 음악과 독서를 즐기면서 최소한의 경제력을 바탕으로 살고자 한다.

　향기촌에는 대부분 임야이다. 이 곳에서도 가장 높은 곳에 가장 친환경적인 흙집을 짓고 자연과 벗 하면서 자발적 가난을 감수하고 살자.

　이러한 생각이 현실로 될 때 나는 진정한 자연인이 되어있지않을까?

발달장애를 가진 소년의 미소

김창배

만남
- 기다림
- 어머니
- 종한
- 마을

두드림
- 집 밖으로
- 마을 안으로

누림
- 가을
- 햄버거와 아이스크림

갈망

만남

    알람 소리가 울린다. 아침이다. 눈을 떠 새날을 맞이한다. 창문을 열고 멀리서 달려오고 있는 새날의 밝은 기운으로 가득 찬 아름다운 자연의 생기에 몸을 적시 운다. 창문 밖 맑게 정화된 공기, 밤새 새롭게 피어오른 맑은 나뭇잎의 살랑거리는 춤사위, 나뭇가지 사이로 지저귀는 새소리, 그리고 아침의 마을을 청소하고 멀어져가는 청소차, 이른 아침의 출근을 서두르는 이웃집 아저씨 차의 시동 소리 등이 새로운 날의 만남을 알린다. 아침 한 날의 삶의 시작은 나의 존재가 세상의 존재들과 어우러져 시간의 흐름 속에 세상을 누리기 위한 출발이다.

기다림

　6개월 전, 시간에 쫓기어 겨우 등록을 마친 연구과제가 선정되었다는 기쁜 소식이 전해졌다. 작년에 탈락하여 포기하려다 5일을 앞두고 바뀐 양식에 보완하여 제출해서 기대도 하지 않았었다. 참으로 기쁜 소식이었다. 연구에 동감하고 지도 조언을 아끼지 않는 김 교사에게 전화를 걸어 연구과제가 선정되었다고 하니 특수학교에 근무하는 김 교사 또한 기뻐하였다. 연구과제를 수행할 수 있도록 대상 학생을 선정해달라고 하니 흔쾌히 응답하며 자기 반의 학생부터 시작하자고 하였다.

　그러던 김 교사였지만 3개월이 지나도 연락이 없었다. 다시 김 교사에게 전화를 걸어 대상자를 요청했으나 김 교사는 말을 흐리며 학급의 학부모가 동의하지 않는다고 하였다. 그리고 다른 반의 학생을 대상자로 알아보겠다고 하였다.

김 교사가 나에게 말할 수 없는 문제에 부딪혔다는 생각에 집 근처에 있는 특수학교를 찾아가 교감 선생님을 만났었다. 교감 선생님은 학생이 사회생활을 할 수 있도록 한다는 점에서 연구에 동감하였다. 그러나 학생이 지역사회에 나간다는 점에서 안전, 다른 사람의 시선, 다른 사람의 태도 등 때문에 어렵다고 하였다. 결국, 학부모님께 안내를 부탁하고 특수학교를 빠져나왔다.

학생의 교육은 사회생활을 하도록 하는 것이 목적이라고 할 수 있다. 수영하려면 물에 들어가야 하듯이 사회생활을 하려면 사회라는 세상으로 들어가야 한다. 위험해서, 다칠까 봐, 다른 사람에게 부끄러워서, 다른 사람이 두려워서 들여보낼 수 없다. 학생들은 사회 밖에서 존재해야만 하는가?

특수학교를 다녀온 지 3개월이 속절없이 지나갔다. 연구는 발걸음을 떼지 못하고 있었다. 그러던 중 어제 김 교사로부터 연구 대상 학생을 구했으니 학부모를 만나 보라는 연락을 받았다. 오늘은 학부모를 만나러 가는 날이다. 학부모는 어떠한 반응을 보일까? 연구에 대한 동의가 잘되어 학생이 세상을 만날 수 있는 계기를 만들어 줄 수 있을까?

어머니

　설레는 마음을 가다듬고 학생의 집 근처에서 김 교사가 알려준 휴대전화의 숫자를 눌렀다. 잠시 후, 세월의 흔적으로 굳어 버린 퇴적암과 같이 단단해 보이는 종한 어머니가 나타났다. 종한 어머니는 걸어서 10여분 거리의 마을 끝 동산 아래에 있는 도서관 카페로 이끌었다. 도서관의 카페는 아직 이른 오전인지 사람이 없었다. 커피를 주문하고 우리는 구석 자리로 이동하였다.

　연구에 대한 안내문을 꺼내는 동안 어머니는 김 교사에게 들었다며 먼저 이야기를 시작했다.

　"우리 아이가 지역사회에서 생활할 수 있도록 지도하는 연구라고 김 선생님께 들었습니다. 우리 아이는 말을 하지 않는데 사회에 나가서 활동할 수 있을까요?"

　안내문을 꺼내고 나는 되물었다.

　"전혀 말을 하지 않나요? 의사소통할 때는 어떻게 하나요?"

"평상시에 말을 하지 않아요. 의사표현은 손으로 끌거나 지시하는 모습을 보입니다. 이러한 우리 아이가 사회에서 수행할 수 있는 것이 무엇이 있을까요?"

"사회에는 다양한 사람이 함께 살고 있습니다. 사람들은 저마다 다른 능력과 특성을 가지고 다른 활동을 하고 있습니다. 다양한 수준과 특성을 가진 사람들은 어떤 일에 쉽게 접근할 수 있고 어떤 일에는 어려움을 가지고 있습니다. 종한이 또한 말하기를 단지 어려워할 뿐이겠지요. 어머니께서는 사회에서 모든 일은 스스로 처리하나요?"

"…… 아뇨."

"그럼 어떻게 하나요?"

"다른 사람에게 도움을 요청하기도 하고 인터넷을 찾아보기도 하지요"

"예, 우리는 어려워하는 것을 사회에서 서로 도우면서 실행하고 있지요. 종한이도 어려워하는 부분을 가지고 있을 뿐이고 다른 사람과 함께 활동하면서 다른 사람의 도움을 받으면 어려움은 없어질 것입니다."

나의 말에 어머니는 거북하다는 표정으로 격양되어 이야기하였다.

"종한이를 다른 사람이 도와준다고요? 우리 아이는 발달장애 1급이예요. 말을 하지 않고 제대로 활동하지 않으면 사회의 사람들은 종한이를 무시하지 않겠어요? 다른 사람과 의사소통이 어려운데 사람들이 어떻게 도와주겠어요. 거추장스럽게 생각하여 멸시하고 멀리하겠지요. 종한이가 사회에서 무시당하고 멸시당하는 모습은 싫어요. 뉴스를 보세요. 얼마나 세상이 험한지, 장애를 가졌다고 학교에 다니지 못하는 아이도 있고 범죄자로 내몰리는 경우도 있어요."

"아메리카노 두잔 나왔어요."

나는 어머니가 일어나기 전에 얼른 카운터로 가서 커피를 들고 격양된 모습을 스스로 다스리고자 하는 어머니 앞에 놓았다.

"커피 드세요."

그리고 커피 한 모금을 마셨다. 쌉쌀한 맛이 입안 가득히 퍼진다.

"어머니! 힘드시죠. 종한이는 언제 발달장애아로 진단을 받았나요?"

나는 낮은 목소리로 상황을 바꾸어 물었다.

"4살 정도 되었을 거예요. 종한이는 말을 하지 않았어요. 큰 애와 다르게 저에게 다가오지 않았어요. 혼자 장난감을 가지고 노는 아이였어요. 4살이 되도록 말을 하지 않아 병원에 갔는데 의사는 진단해 보고 자폐아라고 했어요. 병원에 몇 군데를 다녔는데 모두 자폐아라고 했어요. 그 이후 언어치료실, 행동치료실, 인지치료실, 운동치료실 등을 다녔고요. 그러나 조금 좋아진 것 같지만 기대하듯이 완치는 되지 않았어요. 지금 고등학생 1학년이지만 아직도 혼자서는 밖으로 나갈 수 없고 다른 사람과 이야기도 할 수 없고 옆에 사람이 있어야 해요.

이렇게 혼자서는 아무것도 할 수 없는 종한이를 사회의 어느 누가 반기겠어요. 보호자가 없으면 무시당하고 이상한 아이로 놀림당하고 폭행을 당하겠지요."

어머니는 여러 번 이야기한 것처럼 담담하게 남의 일 같이 이야기하였다.

법에서 규정하는 발달장애인은 통상적인 발달이 나타나지 않거나 크게 지연되어 일상생활이나 사회생활에 상당한 제한을 받는 사람이다. 대표적으로 지적장애인과 자폐성 장애인을 들 수 있다.

"어머니, 종한이가 4살 때 병원에서 진단해보고 의사가 자폐아라고 했지요."

"예."

"의사는 어떠한 모습을 가지고 자폐아라고 했나요"

"정상 아동과는 다르게 말로 하는 의사소통이 어렵고 다른 사람과의 눈 맞춤이나 웃음 등의 반응이 나타나지 않는다고 한 것 같아요. 또 정상 아동과 다르게 혼자서 한 가지 놀이를 집착하여 반복적으로 하고 물건을 바르게 놓으려는 모습 등이 자폐의 증상이라고 이야기 한 것 같네요."

"아, 예, 혹시 정상 아동, 정상 아동 하시는데 정상 아동은 어떤 아동이라고 생각해 보았나요?"

"정상 아동은 나이에 따라 말 잘하고 다른 사람과 잘 어울리고 스스로 알아서 공부하고 스스로 자신의 일을 잘 처리할 수 있는 아동....."

어머니는 정상 아동에 대해 말씀을 하다 종한이가 생각났는지 말의 끝을 흐렸다.

"어머니, 사람의 모습은 모두 다르지요. 우리가 보기에 키가 커 보이는 사람도 있고, 키가 작아 보이는 사람도 있고 뚱뚱하게 보이는 사람도 있고 홀쭉한 사람도 있고 둥근 얼굴로 보이는 사람이 있는가 하면 갸름한 얼굴로 보이는 사람도 있지요."

어머니는 동의하였고 나는 빈 A4 용지 한 장을 가방에서 꺼내고 양복 안 주머니에서 볼펜을 꺼내 손으로 쥐었다.

"이 종이 위를 세상이라 하고 왼쪽은 홀쭉한 사람, 오른 쪽은 뚱뚱

한 사람, 아래는 작은 사람, 위는 큰 사람이라고 규정하고 사람을 점으로 표현하면 이렇게 찍어 나갈 수 있지요."

A4 용지 위에 점을 가운데 중심으로 마구 찍어나갔다.

어느 정도 점을 찍은 후에 나는 말을 이어갔다.

"그러면 이러한 모습이 되겠지요. 다양한 모습을 가진 사람들이 세상에 있는 모양이지요. 사람들은 이렇게 다른 모습으로 세상을 누리며 살아갈 권리가 있습니다. 그러나 우리는 모든 사람의 살아갈 권리를 충족시킬 수 없어 평균적인 사람들을 중심으로 기준을 정하지요."

그러면서 A4 용지 위에 동그라미를 그렸다.

"이렇게 원을 그리면 사람들은 두 집단으로 나누어지게 됩니다. 그리고 우리는 원안에 있는 사람들 중심에 맞추어 사회의 시설과 제도

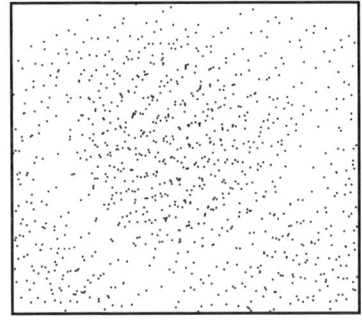 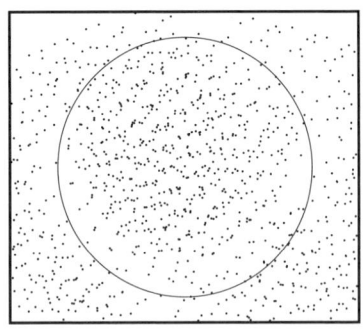

를 갖추게 됩니다. 그러면 원 밖에 있는 사람들은 어떠한 삶을 살 수 있을까요?"

"살기 힘들겠지요."

어머니는 즉시 대답하였다.

"왜 힘들까요? 원 밖의 사람들이 무엇을 잘못했나요?"

"글쎄요."

"원안에 있는 사람들이 원 밖의 사람을 고려하지 않고 원을 그려서 시설과 제도를 갖추었기 때문에 원 밖에 있는 사람들은 힘들 수밖에 없어요."

" 교수님 원을 그리지 않으면 안되나요?"

"어머니는 모든 사람들의 마음을 충족시키실 수 있나요?"

"아뇨."

"인간은 어느 누구도 완벽할 수 없어요. 그렇기 때문에 원을 그릴 수 밖에 없어요. 위대한 사람들이 나타나면 원을 그리지 않고 모든 사람이 충족할 수 있는 시설이나 제도는 갖출 수 있을까요?"

"어렵겠죠."

"그러나 원 밖의 사람들도 사회의 시설과 제도 속에서 세상을 함께 누릴 권리가 있습니다. 그래서 원 밖의 사람들을 위한 특별한 지원제도를 만들어 함께 생활할 수 있도록 할 필요가 있지요. 종한이가 자폐성 장애로 진단을 받은 것은 그러한 선 밖에 있는 사람으로 원안의 사람들이 특별한 지원을 주어야 한다는 의미라 할 수 있어요. 장애는 시설이나 제도가 충분하지 못하여 지원해 줘야 한다는 의미에서 종한에게 부여하여 갖게 된 것이지 종한이 자체가 장애가 아니라 할 수 있습니다."

듣고 있던 어머니가 나의 말을 자른다.

"교수님, 그렇지만 사람들은 장애를 사회의 악의적인 존재로 보고 있어요. 특수학교를 지을 수 있게 해달라고 무릎을 꿇은 발달장애 학생 부모들의 모습을 신문에서 보셨죠. 장애 학생을 교육하는 학교나 기관이 지역사회에 들어서면 사람들은 한마음이 되어 반대하고 있어요. 우리 아이도 사회에서 지원받아 함께 사는 것이 맞다 할지라도 사회가 거부하고 있어요."

"어머니, 신문에 등장한다는 것은 특별하다는 의미가 될 수 있어요. 일반적으로 사회에서 일상적으로 일어나는 것이 신문에 등장할까요?"

"아뇨."

"역설적으로 신문에 등장한 지역의 사람들은 특별한 사람들이고 대부분의 사람들은 장애를 가진 사람을 지원해 줘야 할 사람으로 인식하고 있다는 의미가 될 수 있을 것입니다. 그러나 발달장애를 가진 사람에 대해 모르기 때문에 집단적 관념으로 거부할 수도 있을 것입니다. 집단적으로 거부하는 모습을 보일지라도 한사람, 한사람 개별적으로는 함께 해야 한다는 마음을 가지고 있을 것입니다."

"교수님, 사람들이 장애인에 대해 지원해 줘야 한다는 마음을 가지고 있다 할지라도 그들이 어떻게 무엇을 할 수 있을까요? 우리 아이는 말하지 않는 행동, 조금이라도 바로 놓여 있지 않으면 견디지 못하고 바로 놓는 행동, 벽에 조금이라도 붙어 있으면 떼어내고 마는 행동 등을 어떻게 이해하고 지원할 수 있나요?"

어머니는 약간 격양되어 말씀하였다.

"어머니, 사회의 사람들이 발달장애를 가진 사람을 이해하지 못하는 것은 당연한 것이 아닐까요? 어머니가 종한이를 사회로 내보내지 못하듯 다른 어머니들도 사회에서 내보내지 않아 사회의 사람들은 장애라는 명칭을 부여받은 사람들을 알 수 없지요. 그동안 아이가 장애라고 진단을 받으면 부모가 잘못했다고 생각했고 부모가 보호하고 양육해야 한다는 책임을 가지고 있었어요. 최근에서야 발달장애인을 국민으로 국가에서 지원하는 법을 겨우 만들어 냈지요. 그러나 가정에서 지원하는 것은 한계가 있고 국가는 개별적으로 지원이 어려워 집단시설로 관리할 수 밖에 없습니다."

"교수님, 유치원에 종한이를 데리고 갔을 때 유치원에서 받아 주지 않았어요. 제가 목소리 높여 초등학교에 통합을 시켰어요. 아이들이 놀려 2년만에 종한이가 다닐 수 있는 특수학교를 찾아 여기로 이사 왔어요. 초등학교, 중학교 그리고 지금 고등학교 계속해서 특수학교에 다니고 있어요. 그러나 졸업하면 갈 곳이 복지관, 재활원, 주간보호센터 등으로 한정되어 있어요. 이러한 기관 조차 대상자의 능력을 평가를 해서 모집하다 보니 종한이가 갈 수 있을지 걱정이죠. 국가에서 집단시설이라도 갈 수 있는 곳을 마련해주기를 바랄 뿐이지요."

"어머니, 종한이도 우리와 같은 사람이고 세상을 함께 누리고 살 권리를 가지고 있지요. 다른 사람과 함께 어울리고 사회의 세상을 기쁨을 누릴 수 있는 권리를 가지고 있는 것이지요. 현재 종한이가 세상의 삶을 누리지 못하는 것은 종한이가 말하지 않는 행동, 조금이라도 바로 놓여 있지 않으면 견디지 못하고 바로 놓는 행동, 벽에 조금이라도 붙어 있으면 떼어내고 마는 행동 등의 특성을 가지고 있어서가 아니지요. 평균적인 사람과 많이 차이가 나서 받아 줄 수 없다는 생각때문이지요. 종한이의 행동이 일반적인 사람들과 달라서 사회에서 활동할 수 없다고 생각하는 국가의 일을 담당하는 사람, 특수학교 교사, 복지전문가, 보호자 등이 사회의 접근을 막고 있는 부분도 있지 않을까요?

"교수님, 그럼 종한이를 사회에 무조건 내보내면 종한이가 사회활동을 잘 수행할 수 있나요?"

"어머니, 무조건 내보내면 사회활동을 잘 수행할 수 없겠지요. 그러나 사회활동을 할 수 없다고 사회의 접근을 막기보다는 스스로 사회활동을 수행할 수 있도록 내보내어 사회 생활하는 능력을 갖도록 할 필요가 있어요."

"사회생활을 하는 능력은 학교에서 가르치고 있지 않나요? 학교에서 배우는 것이 생활에 관한 내용이라고 생각하는데요."

"사회생활을 학교에서 가르치지요. 그러나 다양한 상황의 사회에서 생활하는 방법을 학교에서 배울 수 있을까요? 예를 들어서 종한이가 가게에 가서 과자를 사 먹는다고 할 때 학교에서 부분적으로는 그림이나 예를 들어 가르쳐 줄 수 있겠지요. 그러나 가게 주인의 행동이 상황에 따라 다르고, 가게의 진열된 물건이 다양하고, 물건값을 계산하는 방법이 상황에 따라 달라 실제에서 수행할 수 있을 정도로 배울 수 없지요. 이는 종한이 뿐만아니라 우리 모두는 상황에 따른 모든 방법을 알 수 없지요. 어떻게 행동해야 하는지 세세하게 배워도 시간이 흘러 날이 바뀌면 방법이 새롭게 나오기 때문에 배운 내용을 적용할 수 없지요."

"교수님, 그래서 종한이를 사회에 내보낼 수 없는 거 아니겠어요?"

"어머니, 슈퍼마켓에서 물건을 찾지 못할 때가 있지요?"

"예"

"어떻게 하시나요?"

"직원에게 어디 있는지 물어보지요."

"바로 그것입니다. 모르면 직원에게 물어보면 직원이 알려주지요. 종한이도 모르면 직원에게 물어봐서 하면 되지 않겠어요?"

"종한이는 말을 못하는데 어떻게 물어봐요?"

"말로만 물어보나요. 어머니는 물건의 이름을 모를 때 어떻게 하시나요?"

"이렇게 손으로 물건을 가르키지요."

"종한이도 손으로 물건을 가르키지 않겠어요."

"직원이 가르쳐 줘도 종한이는 잘 알아듣지 못할텐데요."

"어머니는 종한이에게 어떤 일을 하라고 했을 때 종한이가 알아듣지 못하면 어떻게 하나요?"

"반복적으로 자세하게 지시하지요."

"직원도 그렇게 자세하게 다시 알려주지 않을까요?"

"저는 종한의 특성을 알고 직원은 종한이 장애의 특성을 모르잖아요. 적절하게 알아듣지 못하면 거절하거나 가게 밖으로 내보내지 않을까요?"

"어머니, 직원이 어떻게 할지는 모릅니다. 그러나 직원이 종한이를 손님으로 맞이하는 것이기 때문에 함부로 거절하거나 내보내지는 않겠지요. 또한 반복적으로 종한이가 가게를 이용한다면 종한이도 능숙하게 가게를 이용할 것이고 가게의 직원도 종한이를 대하는 방법을 터득하지 않겠어요. 사람들은 예의를 갖추어 물었을 때 누구나 알려주고 도움을 주면서 생활하고 있지요. 그렇다면 종한이도 다른 사람에게 예의를 갖추어 도움을 요청하면 충분히 지원을 받을 수 있지 않겠어요? 우리 사회는 거시적으로 갈등하고 있어도 사람과 사람이 만나는 미시적인 측면에서는 우호적인 관계로 생활하고 있어요. 직원이 충분히 도와줄 것이라고 생각되네요. 결국 종한이가 행복하게 사회에서 살게 만드는 것은 어머니나 국가로는 모든 것을 해결할 수 없고 사회구성원이 함께 지원할 때 가능하다고 생각합니다."

"그렇지만 종한이 혼자서 사회에 내본다는 것은 불안하고 사람들이 그렇게 친절하게 대할지에 대해서도 걱정이 되네요."

"그래서 제가 좀 생각을 했습니다. 바로 스마트폰을 활용하는 것입니다. 이 스마트폰에는 GPS 기능이 있어 종한이가 스마트폰을 가지고 다니면 어디에 있는지 위치를 알 수 있어요. 또한 스마트폰은 활동 상황을 문자나 사진으로 보낼 수도 있지요."

"종한이가 스마트폰을 다루게 한다고요! 스마트폰은 저도 잘 못 다루는데 할 수 있겠어요?"

"종한이는 스마트폰이 없나요?"

"없어요."

"그럼 전혀 스마트폰을 만진 경우가 없나요?"

"아뇨, 제꺼 갖다가 게임하거나 노래 듣거나 동영상 보거나 하지만 스마트폰을 활용하기는 어려울 것이에요"

"어머니는 스마트폰으로 무엇을 하시나요?"

"전화통화, 문자보내기, 카톡하기, 유튜브 보기, 지하철노선 알아보기 등 이런 거 하지요."

"말씀하신 내용을 보면 스마트폰은 어머니의 생활을 도와주고 있지요. 이러한 도움은 종한이에게 더 필요한 것이 아닐까요?"

"그렇지만 스마트폰은 어렵잖아요."

"스마트폰을 다루기 쉽게 만들면 안 되나요? 있는 그대로가 아니라 이렇게 필요한 앱만 바탕화면에 올려놓고 활용해도 쉽게 활용할 수 있게 되지요. 종한의 수준과 특성에 맞추어 종한이가 스마트폰을 활용할 수 있도록 조정하고 생활에 필요한 앱을 활용하도록 할 것입니다."

"연구에 동의하면 종한이를 연구 대상으로 언제부터 시작하나요?"

"오늘 연구에 동의하여 주시면 종한이를 만나 수행할 수 있는 정도를 알아보고 종한이가 지역사회에서 삶을 누리기 위해 활동할 것이 무엇이 있는지 분석하고 종한이의 활동 계획을 수립하여 1개월 후에 지역사회 현장에서 사회활동을 수행할 수 있도록 지도에 들어갈 것입니다."

"종한이 지도는 어떠한 방법으로 할 것인가요?"

"종한이는 여기 이 지역에서 살고 있습니다. 지역사회에서 필요한 활동을 찾아 종한이가 사회구성원과 협력적으로 수행할 수 있도록 뒤에서 지원할 것입니다."

"혼자서 수행하게 되면 사회에 바로 내보내나요?"

"아뇨, 스스로 사회구성원과 협력적으로 수행할 수 있어 보여도 관찰하는 사람을 두어 충분하게 수행할 수 있다는 평가가 이루어졌을 때 혼자서 활동할 수 있도록 합니다."

"교수님, 연구동의서 주세요. 확신이 서지 않지만 교수님을 믿고 참여하고자 합니다."

"감사합니다."

어머니는 연구동의서에 서명을 해주셨고 종한에 대한 행동심리검사와 수행능력평가서에도 적극적으로 임하여 주셨다.

카페를 나와 차가 있는 곳으로 이동하는 길의 맑은 5월의 햇살이 모두가 어우러져 행복을 누리는 삶을 꿈꾸게 한다.

종한

"페달을 밟아,
더 세게!
한 바퀴 더!
좀 더 빠르게!
잘한다!"

종한이를 만나기 위해 특수학교 주차장에 차를 세우고 차 밖으로 나오니 학교의 곳곳으로 울려 퍼지는 김 교사의 큰 목소리가 나를 운동장으로 이끈다.

운동장에는 7명의 학생들이 자전거를 타며 운동장을 돌고 있다. 앞뒤로 2인용 자전거를 타는 학생도 있고 아직 자전거를 탈 수 없는지 끌고 이동하는 학생도 있다. 페달에 발을 올려놓고 밟아 잠시 이동하면 김 교사는 다시금 발을 올려놓고 조금씩 이동하도록 하는 모습이 보인다. 김 교사가 개별적인 지도를 하다 다른 학생들을 지도하기 위해 고개를 들었을 때 나를 발견하고 손을 흔들며 김 교사 쪽으로 오라고 손짓한다.

　내가 운동장의 가장자리를 돌아 김 교사 쪽으로 이동하는 동안 김 교사는 학생들에게 자전거를 그만 타고 주차대에 고정하도록 한다.

　"잘 지냈습니까? 여전하시네요. 왜 더 타도록 하지 제가 와서 중지하는 것입니까?"

　"아닙니다. 시간이 끝날 때가 되었습니다. 이쪽으로 모이세요. 종한이 어머니하고는 잘 이야기되었다고 들었습니다."

　김 교사는 나에게 한마디 이야기하고 학생들에게 지시하고 다시 나에게 말하였다.

　"선생님 덕분입니다."

　"다 모였어요. 같이 가시지요."

　"예."

　"학생들이 지역사회에서 스스로 무엇을 할 수 있을까 생각을 하다 자전거를 가르치게 되었습니다. 자전거를 탈 수 있으면 스스로 이동할 수도 있고, 여가시간을 보낼 수 있을 것이라고 생각해서 시작했는데 학생들이 의외로 좋아하고 열심히 합니다."

　이동하면서 김 교사는 말하고 뒤돌아 학생을 보며 말한다.

　"잘 오고 있지요!"

　건물 안으로 들어가서 계단으로 2층에 오르니 계단 끝 옆 복도의 움푹이 들어간 공간에 휴식을 할 수 있도록 꾸며져 있다. 김 교사는 잠시 휴식공간에서 기다리라고 하며 학생들을 데리고 손을 씻기 위해 화장실로 이동한다.

　휴식공간 좌측에 게시대가 있으며 다음과 같이 손으로 또박또박 쓰여져 있다.

> 〈오늘 꼭 지킬 일〉
> 쉬는 시간에 손을 깨끗이 씻는다.

　글을 들여다보며 참으로 정성 들여 글씨를 단정하게 썼다고 생각하는데 어느새 김 교사가 와서 이야기한다.
　"교수님, 글씨 잘 썼지요."
　"예 단정하게 정성을 들여 썼네요."
　뒤 따라 온 허 교사가 말을 잇는다.
　"그거 우리 반 종한이가 쓴 것입니다. 종한이는 글씨의 대가지요"
　"안녕하세요."
　"이번에 종한이를 연구할 교수님입니다."
　김 교사의 소개에 명함을 허 교사에게 전달하였다.
　"연구대상자를 추천하여 주셔서 감사합니다. 종한이가 글을 쓰나 봐요?"
　　어머니는 종한이가 글자를 잘 모른다고 하신 것과 상이해서 물었다.
　"글은 모르지만 글씨는 명필입니다. 교실로 가시지요. 일상생활에서 많이 아는 낱말은 받아쓰는데 문장 등의 글은 제시해 주면 보고 따라 씁니다. 게시대에 있는 것도 종한이가 제시해 준 것을 보고 따라 쓴 것입니다."
　　교실에 학생은 없었다. 지금은 직업 시간이고 학생들은 직업실에서 수업하고 있다고 허 교사는 이야기한다. 종한이를 불렀으니 올 것이라고 교실에 잠시 기다리라고 하였다. 나는 자리를 잡고 앉아 종한이의 특성을 알아볼 때 사용할 자료를 가방에서 꺼내 책상 위에 올려놓았다.

"뒤의 게시판에 있는 것도 종한이가 쓴 것입니다. 종한이는 말을 하지 않지만 우리 반에서 모범생입니다. 교실의 물건을 깨끗하게 정리하고 저의 책상도 말끔하게 정돈합니다. 친구들과 잘 어울리는 편은 아니지만 싸우지는 않습니다. 다만 가끔 귀를 막고 엎드려서 활동을 하지 않겠다고 떼를 쓰는 경우가 있으나 자신에게 부여된 일은 잘합니다. 종한이 왔네요."

훤칠한 키에 늘씬한 학생이 교실로 들어왔다. 종한이었다. 허 교사가 종한이에게 인사하라고 하니 조용히 고개를 숙여 인사했다. 그러나 종한은 나에게 눈빛을 주지 않았다. 그리고 허 교사는 교실 밖으로 나갔다.

종한은 허 교사가 나가자 조금 불안해하는 모습을 보였다. 그리고 내가 올려놓은 자료를 손으로 각이 질 정도로 정리하였다.

"고마워요. 앉으세요. 김종한!"

"네."

종한이는 귀를 가까이 대야 들을 수 있는 소리로 대답을 하였다. 나는 놀랬다. 어머니, 허 교사, 김 교사 모두 말을 하지 않는다고 했는데 말을 한다. 나는 읽기 자료를 꺼내서 읽어보라고 하였다. 종한은 읽기 자료를 바라보고 가만히 앉아 있다. 그러더니 입을 오물거린다. 하지만 소리는 들리지 않는다. 아니 내가 못 듣는 것이다. 나는 귀를 종한이 입가에 가까이 가져갔다.

"하~ 할~무, 하~할~모, 하~할~무, 하~할~머, ~~~"

글자 하나하나에 대한 발음을 찾아내어 읽는 소리가 매우 작게 들렸다. 소리 내어 글을 읽는 것을 중지시시키고, 낱말 카드를 여러 장 제시하고 낱말을 말하여 주고 찾으라고 하니 쉽게 찾았다. 찾은 낱말을 보고 쓰라고 하니 매우 정성스럽게 연필로 썼다. 낱말카드를 치우고 말로 들려주고 써보라고 하니 입을 오물거릴 뿐 쓰기 어려워했다.

소리 내어 읽거나 소리를 듣고 쓰는 것은 스스로 소리의 형성이 어려워 말과 글로 나타내기 어렵지만 듣고 이해하는 것, 글자를 보고 의미를 찾는 것은 잘 수행할 수 있다. 그러나 우리는 수행할 수 있는 것보다 어려워하는 면을 중점적으로 보기 때문에 종한이는 말을 하지 못하고 글을 읽지 못하고 글을 쓰지 못하는 학생으로만 보아온 것 같다는 생각이 든다.

이후 수학적 능력을 알아보는 상황에서 셈하기는 어려움을 보였지만 숫자를 구분하고 명칭은 잘 이해하고 있었다.

작업 활동, 사회적 관계, 스마트폰 활용 등 여러 과정을 확인하여 보니 어머니나 교사가 말한 내용보다 스스로 수행할 수 있는 부분을 많이 찾을 수 있었다.

사람을 평가한다는 것은 매우 조심하여야 할 것이다. 평가대상자의 본질적인 능력보다는 평가하는 사람의 기준에 좌우되는 경향이 많이 있다. 종한이도 생활연령인 고등학교 1학년의 기준에 비추어 평가하면 아무것도 할 수 없는 가치 없는 존재가 된다. 그러나 수행활동을 대상으로 평가를 하면 다양한 활동을 수행할 수 있는 존재가 된다. 종한이를 면접하고 정리하면서 우리가 말하는 기준이 거짓이 아닌가 하는 생각이 들었다.

면접에서 사용한 자료를 정리하며 창밖을 보니 학생들이 학교 버스에 오르고 있다. 일부는 학부모의 차를 타는 학생도 있고 누군가를 기다리는 학생도 있다. 혼자서 집으로 향하는 학생이 없다. 특수교육 대상 학생들은 혼자서 할 수 없다는 관점에서 통학지원, 급식지원, 활동보조 지원 등 다양한 지원이 이루어지고 있다. 하지만 이러한 지원들이 학생이 혼자서 수행할 수 있는 활동을 박탈할 수 있다는 생각을 갖게 한다.

"가시려고요? 종한이는 잘 만나봤습니까?" 김 교사가 교실로 들어오면서 이야기한다.

"예, 종한이가 수행할 수 있는 활동이 많이 있네요."

"행동이 느려서 그렇지, 할 수 있는 것이 많지요. 우리 반 학생의 학부모도 만나보셔요. 제가 어머니께 교수님의 연구를 적극적으로 설명하니 망설이다 한 번 뵙자고 하네요. 종한이가 살고 있는 동네 근처입니다. 여기, 어머니의 전화번호이니 연락하고 찾아뵈세요."

"고맙습니다."

김 교사가 주는 메모지를 받고 교실을 나와 주차장으로 향하는데 허 교사가 다가왔다.

"가시려고요."

"예, 연구대상 학생을 소개해 주셔서 고맙습니다."

"저희 반 한 어머니가 교수님을 뵙고자 합니다. 스마트폰을 활용하면서 사회활동을 지도하는 연구라고 하니 연락을 달라고 하네요. 여기 전화번호 있습니다. 연락해보세요. 좋은 연구 결과가 있기를 기대하겠습니다."

"감사합니다."

허 교사와 헤어지고 차로 교문을 나서면서 눈시울이 적는다. 연구대상 한 학생을 만났고 두 학생을 더 확보했다. 나를 대신하여 학부모를 설득해준 김 교사와 허 교사가 덧없이 고맙다. 세상의 삶은 이렇게 서로가 의존하고 협력하면서 살아가기 때문에 아름다운 것이리라. 오늘 만난 종한이나 만나게 될 학생들도 세상의 여러 사람과 서로 의존하고 협력하며 살아갈 수 있다면 아름다운 인생을 가질 수 있지 않을까?

마을

 종한이가 다니는 특수학교에서 10여분 거리에 종한이가 살고 있는 108동 아파트가 있다. 종한이 어머니는 종한이를 특수학교에 보내기 위하여 이곳으로 이사했다. 종한이가 이곳으로 이사를 온 지 10년이 넘었지만 종한이 혼자 마을을 나선 적이 없다.
 다른 사람의 손에 이끌려 학교와 집을 오갔다. 종한이에게 마을은 어떠한 의미로 존재할까?
 종한이의 마을은 아름답다. 아파트 공동 현관을 나서면 작은 공원이다. 편안한 쉼을 가질 수 있는 정자가 있고 오른쪽으로 운동기구가 있다. 정자 앞으로 벚나무가 그늘을 만들어 준다. 앞 동 109동 사이에 작은 공원이 있는 것이다. 오른쪽 운동기구를 지나면 아파트 울타리에 쪽문이 있다. 쪽문으로 나가면 냇물이 졸졸 흐르고 둑 위로 벚나무 그늘이 어우러진 산책길이 이어진다.

정자 왼쪽으로 옆 동 107동의 화단에 장미나무가 춤추며 하늘을 향하여 오르고 있다. 옆 동을 지나면 아파트 경비실이 있으며 경비실에는 언제나 유니폼으로 정장한 경비원이 자리를 지키고 있다.

경비실은 오른쪽의 큰 도로에서 왼쪽으로 돌아드는 아파트 입구도로 모퉁이에 있다. 경비실 앞 도로에는 아파트 출입 차단기가 설치되어 있는데 항상 차단기가 올라가 있다. 차단기 건너편에 편의점이 있고 아르바이트생으로 보이는 점원이 물건을 정리하고 있다. 편의점 옆에는 부동산 가게로 오늘도 말끔하게 차려 입은 아저씨가 컴퓨터의 모니터를 들여다보고 있다.

종한이가 학교에 가려면 앞 동 109동 건물을 지나 계속 앞으로 가면 된다. 앞 동을 지나면 졸졸 흐르는 인공 물도랑과 그 옆으로 어린이 놀이터가 있다. 놀이터에는 오르고 내릴 수 있는 기구, 그네, 시소 등이 있다. 놀이터 아래쪽 가장자리 중간에 누구나 읽을 수 있는 책장과 벤치가 설치되어 있다.

놀이터를 지나면 왼쪽 냇가로 이어지는 산책길이 있다. 산책길을 지나 아파트 두 동 201동, 202동을 지나면 종한이가 다니는 학교와 맞닿는다. 큰 도로만 건너면 학교이다. 건너지 않고 오른쪽으로 돌아 살짝 걸어오르면서 204동을 지나면 왼쪽에 자그마한 동산 공원이 있다. 언덕진 동산 공원에는 나무 그늘이 진 산책길과 운동기구가 설치되어 있어 산에 오르는 맛을 느끼게 한다. 동산 오른쪽 아래에 도서관이 자리 잡고 있다. 동산을 지나 내려오면 원형의 광장이 맞이한다. 광장 아래 아파트들이 계속하여 이어진다.

종한이네 아파트에서 나와 왼쪽으로 큰길을 따라 내려오면 삼거리 길 건너에 상가건물이 줄지어 있다. 상가건물에는 미장원, 김밥집, 편의점, 중국집, 분식집, 안경점, 약국, 은행 등이 있고 지하에 대형마트가 있다. 상가 건물 오른쪽으로 교회가 있으며 교회 옆에 복지관이 자리하고 있다. 복지관 넘어 10차로의 대로가 있고 우측에 지하철역 표시 기둥이 서 있다. 대로 건너 백화점 건물에는 광고 현수막이 내려져 있고 벽에 붙어있는 대형 모니터에서는 극장에서 상영하는 영화의 사진과 광고들이 나타났다 사라졌다 한다.

　종한이가 사는 마을은 이렇게 도심 속의 공원과 같은 아파트 단지로 아름다운 마을이다. 종한이는 타인의 손에 이끌려 집, 치료실, 학교로 이동해야 했기 때문에 마을의 존재를 이해하지 못한다. 마을에 살아도 마을의 구성원이 아닌 존재이다. 그렇지만 마을은 모두의 것이기에 종한이도 마을의 구성원으로 누릴 권리가 있다.

두드림

집 밖으로

"교수님, 안 보이죠? 종한이는 어려울 거예요."

비웃는 듯한 어머니의 말을 뒤로 한 채, 나는 고개를 길게 빼어 아파트 복도 밖을 살펴본다. 종한이가 나타날 시간이 되었는데 보이지 않는다.

'이번에도 실패인가? 아니다. 종한이는 즐겁게 해낼 것이다.'

마을을 둘러보고 종한이가 마을의 구성원으로 사는 첫걸음으로 아파트 아래 작은 공원에 있는 운동기구를 활용하여 운동하고 집으로 돌아오는 활동부터 시작하였다. 종한이네 집은 복도식 아파트의 7층에 있다. 오늘은 종한이가 혼자서 활동을 수행하고 돌아오는 날, 나와 어머니는 복도 위에서 창문으로 목을 내어 내려다보이는 운동기구를 주시하고 있다.

그동안은 나와 함께 운동기구를 활용한 운동을 하면서 집 밖으로 나갈 때의 불안감을 해소하고 운동의 재미를 느낄 수 있도록 했었다.

지난번에는 어머니가 불안하다며 동생을 함께 내보내었는데 종한이는 동생만을 따라다녀 실패하였다. 그리고 두 번 종한이가 주도적으로 활동하였고 오늘은 혼자 아파트 밖으로 나와 활동을 수행하는 첫날이다.

"어머니, 종한이가 나타났어요."

"정말요!"

잠시 나의 뒤에 머물러 있던 어머니가 복도 창문으로 머리를 내민다. 공동현관에서 천천히 걸어 나온 종한은 정자 쪽으로 이동한다. 그리고는 정자의 기둥에서 무엇인가를 떼어내고 있다. 3분 정도 기둥에서 무엇인가를 떼어내더니 갑자기 운동기구 쪽으로 뛰어간다. 스마트폰을 일자 벤치에 올려놓고 발을 앞뒤로 걷는 운동기구에 오른다. 발을 앞뒤로 벌려 번갈아 걷는 운동을 한다.

앞을 보고 한참 허공을 걷던 종한은 무엇인가 생각난 듯이 벤치로 이동하여 스마트폰을 집어 들고 화면을 누른다. 그리고 스마트폰을 벤치에 다시 놓고 앉아서 팔을 올려 들어 올리는 운동기구에 앉는다.

"드르륵, 드르륵"

나의 스마트폰에서 진동이 울려 확인해 보니 종한으로부터 문자가 왔다.

> 대한민국 서울특별시
> ㅇㅇㅇ구 001동 ㅇㅇㅇ
> **나 여기에 있어요!**
> 지도 - https://maps.goo-gle.com/maps?q=loc:37.0065557,100.12o92oo

이동하여 새로운 장소에 도착하면 스마트폰으로 위치를 전송하도록 가르쳐 주었다. 화면에 위치를 전송하는 그림을 설정하여 누르기만 하면 위치가 보호자에게 전송된다. 운동기구가 있는 공원에 도착해서 눌러야 하는데 잊고 있다 운동을 하면서 생각이 난 것으로 보인다.
　팔을 올려 들어 올리는 운동기구에서 세 번 들어 올리더니 몸을 좌우로 흔드는 운동기구로 이동한다. 손잡이를 잡고 흔들리는 발판에 올라 매우 신나게 좌우로 흔들어 댄다. 움직이는 동작이 매우 경쾌하다.
　할머니 한 분이 운동기구 있는 곳으로 걸어가신다. 할머니는 종한에게 다가가신다. 그리고 종한에게 무어라고 이야기하신다. 종한이

운동기구에서 내려온다. 그리고 공동현관으로 달려간다. 할머니는 종한이 경쾌하게 흔들던 운동기구에 올라 몸을 천천히 흔들고 있다. 벤치에는 종한의 스마트폰이 덩그러니 놓여 있다.

복도 끝에서 종한이 우리가 있는 쪽으로 달려오고 있다. 얼굴이 벌겋게 상기되어 있다. 우리 쪽으로 거의 다가왔을 때 종한은 달리기를 멈추더니 되돌아 뛰어간다.

"뭔 일이죠!"

어머니께서 놀라 나에게 묻는다.

"글쎄요~~"

나는 말을 흐리고 복도 창밖으로 얼굴을 돌렸다. 나뭇잎이 더욱 푸르러진 모습이다.

종한이 공동현관에서 벤치를 향해 뛰고 있다.

그리고 스마트폰을 벤치에서 집어 들어 호주머니에 넣고 공동현관으로 향한다.

파란 하늘에 뭉게구름이 바람과 함께 꿈을 그리고 있다.

"종한이 와요!"

어머니의 목소리에 고개를 돌려 복도 끝 엘리베이터 쪽을 보니 종한이가 빠른 걸음으로 걸어오고 있다. 돌아온 종한의 상기된 얼굴에 엷은 미소가 번지고 있다.

마을 안으로

나는 도서관 정문 앞에서 스마트폰 지도를 보며 종한을 기다리고 있다. 스마트폰 지도상에 나타난 종한의 아바타 위치는 제자리에 머물고 있다. 그래도 언젠가는 움직일 것이라는 믿음을 가지고 스마트폰 지도의 화면을 응시하고 있었다.

그동안 종한과 마을의 곳곳을 다니면서 특징을 살펴보았고, 경비원 및 마을 사람과도 인사하고 스마트폰으로 자신을 표현하는 활동을 하였다. 또한 도서관까지 이동하는 활동을 여러 번 하였다. 오늘은 종한이가 집에서 도서관까지 혼자서 길을 찾아 이동하는 날이다. 종한에게 도서관에서 만나자고 스마트폰 지도에 도서관을 목적지로 함께 설정하고 먼저 도서관 정문 앞에 와있다. 멀리서 종한을 관찰하는 대학생을 배치하여 상황을 나에게 보고하기로 하였다. 종한은 관찰하고 있는 대학생을 알지 못한다.

드디어 종한의 아바타가 움직이기 시작하였다. 스마트폰 지도에 표시하여 준 데로 이동한다. 종한이네 앞 건물을 지나 놀이터까지 이동하였다. 놀이터에서 또 멈추었다. 멀리서 관찰하는 대학생에게서 메시지가 왔다.

'놀이기구에 붙어 있는 이물질을 제거하고 있어요.'

꽤 긴 시간 머무르던 종한의 아바타는 다시 이동하기 시작하였다. 지난번에 다니던 길이 아닌 다른 길로 이동하더니 얼마 안 가서 다시 멈추었다.

그리고 관찰하는 대학생으로부터 메시지가 왔다.

'경비실로 들어갔어요.'

종한에게 오는 길을 모르면 경비실이나 다른 사람에게 스마트폰을 보여주라고 하였다. 종한의 스마트폰의 지도를 밀면 화면에는 다음과 같이 나타난다.

안녕하세요.
저는 000동 사는 김종한입니다.
저는 자폐성 장애로 말을 하기 어렵습니다.
지금 ○○도서관에 가고 있습니다.
도서관에 가는 길을 알려주세요.
어려우시면 저의 어머니나 선생님께 전화해주세요.
감사합니다.
어머니 전화: 000-0000-0000, 선생님 전화: 000-0000-0000

경비실 근처에서 종한의 아바타는 한참을 머무르고 있다. 종한은 경비원과 의사소통을 잘하고 있는지 궁금하다. 대화를 마치고 길을 알려줄 수 있는 시간이 꽤 지나서 종한의 아바타는 움직이기 시작하였다.

매우 빠르게 움직이는데 나와 함께 가던 길이 아닌 다른 길로 움직이고 있다. 그리고 신호등을 기다리는지 큰 길가에 멈추어 서 있다.

관찰하는 대학생으로부터 메시지가 왔다.

'경비원이 다른 사람에게 안내를 부탁해서 다른 사람 따라가고 있어요.'

메시지를 확인하고 스마트폰 지도를 보니 종한의 아바타가 매우 빠르게 내가 있는 쪽으로 움직이고 있다. 고개를 들어 종한의 아바타가 오는 쪽을 바라보니 멀리서 다른 사람과 함께 종한이 걸어오고 있다. 점점 다가오는 모습을 보니 안내하는 학생은 대학생으로 보이는 남자이다. 종한은 한 손에 스마트폰을 들고 남자를 열심히 따라오고 있다. 나를 보았는지 미소를 머금고 있는 모습이다.

"안녕하세요. 어떻게 종한이와 함께 오세요."

"안녕하세요. 경비 아저씨가 도서관에 같이 가면 된다고 하여 함께 왔습니다. 잘 따라오네요."

함께 온 사람은 대수롭지 않게 이야기를 하였다.

"감사합니다."

"아뇨. 저도 도서관에 가던 길이라 함께 온 것뿐입니다."

싱긋이 웃고 있는 종한에게 인사하라고 하니 종한은 허리를 굽혀 인사한다. 안내를 해준 사람은 인사하고 도서관으로 들어갔다.

도서관에서 종한이 좋아하는 동물 책을 빌려 혼자서 먼저 집으로 이동하도록 하였다. 종한이 떠난 후, 모습을 알아볼 수 없을 정도가 되었을 때 나는 스마트폰 지도를 보며 그의 뒤를 따랐다. 종한도 스마트폰 지도를 보며 안내된 경로로 이동하고 있을 것이다.

'디르륵 디르륵'

종한에게서 메시지가 왔다.

'집 도착.'

그리고 종한이가 사는 아파트 건물 사진이 함께 왔다.

내가 그곳 근처에 갔을 때 종한의 활동을 관찰하는 대학생이 다가와 목청을 높인다.

"깜짝 놀랐어요! 갑자기 경비실 안으로 들어가는 거예요. 경비실 아저씨하고 나오더니 경비실 아저씨가 지나가는 사람을 잡고 도서관에 가느냐고 물어보는 거예요. 도서관에 간다고 하니까 종한이를 부탁하고 그 사람은 종한이와 함께 도서관으로 가는 거예요."

종한을 관찰하는 대학생이 무엇에 놀랐는지 모르겠다. 종한이가 경비실로 들어간 것에 놀란 것인지, 아니면 경비원과 지나가는 사람이 종한을 도와준 것에 놀란 것인지.

우리는 그렇게 서로 의존하고 협력하며 살고 있는데….

누림

가을

가을의 맑은 빛이 따갑지만 상쾌하다. 아파트 앞 정자에서 산책하며 풍경을 사진찍기로 하였다. 종한은 즐거운지 운동기구부터 스마트폰을 들고 촬영 단추를 찰칵찰칵 눌렀다. 학교의 허 교사가 연구를 돕고 싶다며 종한에게 무엇을 가르쳐 주면 좋으냐고 하기에 사진찍기를 가르쳐 주면 도움이 될 것이라고 하였다. 허 교사가 사진찍기를 가르쳐서인지 사진찍기를 즐겁게 하고 있다.

운동기구를 사진찍은 후 쪽문으로 나갔다. 쪽문 밖은 작은 시내가 졸졸 흐르고 뚝방 길에는 벚나무가 가로수로 오솔길에 그늘을 드리웠다. 냇물이 작은 바위를 내려내려 아래로 맑은 소리를 내며 흐르고 있었다.

종한은 뚝 아래로 내려가 작은 바위 아래로 하얗게 떨어지는 물살을 스마트폰 카메라에 담았다. 뚝 위로 올라온 종한은 벚나무 가로수로 드리운 오솔길의 먼 발치를 바라보며 사진을 찍었다. 오솔길을 따라 오르니 잠자리가 짝을 지어 냇가의 갈대에 앉아 있다. 종한이 잠자리를 사진찍으러 다가가는 순간 잠자리는 맑은 하늘을 향해 날아오른다. 종한은 아쉬운 표정으로 나를 바라본다.

오솔길로 좀 더 이동하니 웅덩이처럼 파인 곳에 물이 괴어 있고, 무리를 놓쳐 갈 길을 잃은 청둥오리 두 마리가 헤엄을 치고 있다. 종한은 청둥오리를 사진에 넣고 물끄러미 바라본다. 한참 동안 청둥오리를 바라보고 있던 그는 다시금 발길을 재촉한다. 종한은 무엇을 생각했을까? 무리에 끼지 못하여 고향에 가지 못하고 둘만 낯선 곳에서 살고 있는 청둥오리의 모습에서 자신을 발견하지는 않았을까? 이렇

게 아름다운 세상을 두고도 집 밖으로 나와 즐기지 못한 종한의 모습과 청둥오리의 모습과 무엇이 다르랴!

벚나무 오솔길로 계속 이어지는 중간 왼쪽에 아파트 단지로 이어지는 공원의 산책길이 있다. 종한은 왼쪽 공원 산책길로 들어섰다. 그리고 왼쪽으로 다시 돌아 어린이 공원으로 들어선 종한은 공원에 비치된 책장으로 다가간다. 책장에서 책을 꺼내어 햇살을 등 뒤로하고 책을 펼쳐 본다. 글보다는 그림을 보는 것 같지만 여유로움과 진지함이 함께 묻어난다.

종한은 책을 네 권째 보고 있다. 책장에 있는 책을 모두 볼 기세로 책을 갖다 넘겨보고 갖다 놓고를 반복하고 있다. 책을 다음에 와서 볼 수 있다는 사실을 종한은 인정하지 않는 듯하다. 아침의 해가 이제 중천에 다다르고 있다.

종한에게 점심을 먹으러 가자고 권했다. 그리고 책은 다음에도 볼 수 있다고 하였다. 책장에 책을 꽂고 우리는 음식점이 있는 상가 쪽으로 향해 걷기 시작했다.

햄버거와 아이스크림

 종한이 사는 아파트 단지 서쪽에 위치한 상가에는 미장원, 김밥집, 편의점, 중국집, 분식집, 안경점, 약국, 은행 등 다양한 음식점과 생활에 필요한 가게들이 있다. 횡단보도의 신호등을 기다려 차도를 건너 상가 앞 인도에 도착한 종한은 인도를 따라 오른쪽으로 걷다가 햄버거 가게로 들어간다.
 따라 들어갈까 하다 가게에서 물건을 구입한 경험이 있어 혼자 주문할 수 있지 않을까? 하는 생각이 들었다. 따라 들어가기를 멈추고 밖에서 창으로 종한이만의 활동을 지켜보기로 하였다.
 종한이 햄버거 가게로 들어선다. 그리고 주문하는 곳으로 이동한다. 점원이 종한에게 묻는다. 종한은 물음에 대답하듯 지갑에서 만

원짜리 지폐 한 장을 꺼내 점원에게 건넨다. 점원이 잠시의 망설임도 없이 종이의 차림표를 꺼낸다. 차림표에는 다양한 햄버거의 그림이 나열되어 있다. 종한이 세트 메뉴를 손으로 집는다. 그리고 점원이 음료수를 손가락으로 지시하며 종한에게 묻는다. 종한이 콜라를 손으로 집는다. 잠시 후 점원이 원형으로 된 알림 스위치, 영수증, 잔돈을 종한에게 전달한다. 느릿느릿 종한이 영수증과 잔돈을 지갑에 깔끔하게 넣고 지갑을 호주머니에 넣는다. 점원이나 종한이 뒤에 있는 손님이나 아무도 종한이를 재촉하지 않는다.

종한은 알림 스위치를 챙겨 테이블이 있는 빈 좌석에 앉는다. 스마트폰을 들여다보고 있다.

알림 스위치에 불이 들어왔다. 종한은 햄버거 세트가 놓여 있는 쟁반을 들고 와 자리에 앉는다. 주변 사람들의 모습을 살핀다. 햄버거를 먹고 있는 사람, 감자튀김을 집어 소스에 찍는 사람, 콜라를 마시고 있는 사람, 햄버거 쟁반을 식탁에 놓고 있는 사람 등 다양한 모습이 매장을 메우고 있다. 매장을 둘러본 종한은 콜라를 한 모금 빨아 마시고 햄버거의 포장을 제거한다. 그리고 여유롭게 햄버거를 입으로 가져간다. 햄버거를 먹으면서 콜라를 한 모금씩 빨대로 빨아 마신다.

햄버거를 먹은 후 주위를 둘러보고 감자튀김을 입으로 가져간다. 감자튀김을 먹으면서 주위를 둘러보다 한 곳에 집중하여 바라본다. 그리고 소스를 뜯어 쟁반 구석에 짜놓는다. 감자튀김을 소스에 찍어 먹는다.

감자튀김을 먹은 후 종한은 매장 안을 다시금 둘러본다. 그리고 쟁반을 들고 쓰레기 처리하는 곳으로 이동한다. 종이는 쓰레기통에 버리고 음료수 컵에 남은 얼음은 개수대에 쏟아 버린다. 컵은 컵자리에 놓고 쟁반은 이미 놓여 있는 쟁반 위에 포개어 놓는다. 바닥에 떨어져 있는 냅킨과 빨대를 쓰레기통에 넣고 유유히 문밖으로 나온다.

문밖으로 나온 종한은 인도로 10m 이동하여 아이스크림 가게로 들어간다. 여러 종류의 아이스크림이 다양한 색으로 분장하여 통에 담겨 진열되어 있다.

종한은 계산대로 향하지 않고 아이스크림 진열장 앞에 섰다. 진열된 아이스크림을 유심히 바라본다. 그리고 아이스크림을 향해 손짓한다. 잠시 후 점원이 아이스크림 진열장 뒤로 온다.

종한이가 지시하는 손을 보고 점원이 진열장 안으로 손을 넣어 아이스크림을 지시한다. 종한이가 아니라고 손을 흔든다. 점원이 손을 옮겨 다른 아이스크림을 지시한다. 종한이 아니라고 손을 흔든다. 다시 점원이 손을 옮겨 다른 아이스크림을 지시한다. 종한이 아니라고 손을 흔든다. 점원이 손을 옮겨 다른 아이스크림을 지시한다. 종한이 아니라고 손을 흔든다.

문밖에서 유리로 된 창을 통해 종한과 점원의 반복된 행동을 바라보면서 걱정스러웠다. 둘 중에 어느 한 사람이 감정적으로 바뀌면 어떻게 하나? 혹시 두 사람이 싸우지는 않을까? 그러나 그러한 일은 기우에 불과하였다.

몇 번을 반복한 후에 드디어 종한이 손으로 동그라미 표시하는 모습이 보였다. 그리고 종한은 계산대로 이동했고 점원의 요구에 천원을 내밀었다. 다시 점원이 손가락으로 1을 표시하며 더 요구하자 천원을 또 내밀었다. 계산을 치르고 작은 컵에 소복히 쌓인 초콜릿 아이스크림을 받아들고 아이스크림 진열장 앞에 있는 식탁의 자리에 앉았다.

짜증이 났을 법도 한데 종한이 원하는 아이스크림을 찾을 때까지 아이스크림을 골라준 점원에게 고맙다는 생각이 든다. 하지만 아이스크림 가게에도 햄버거 가게처럼 종이 차림표를 준비하였다면 아이스크림을 고르는데 그렇게 오랜 시간이 걸리지 않았을 텐데 하는 아쉬움이 남는다. 이는 햄버거 가게는 말로 의사소통이 어려운 사람이 있다는 것을 염두에 두고 아이스크림 가게는 이 점을 생각하지 못한 것이리라.

아이스크림 가게에서 나온 종한은 웃으면서 집으로 향하고 있다.

갈망

　어머니와 약속한 연구 기간이 끝나고 있다.
　6개월간 매주 하루 종한과 지역사회 생활 활동을 함께하였다. 종한이는 이제 마을을 두려워하지 않으며 필요한 활동을 수행한다. 종한이 혼자 스스로 모든 활동을 수행하는 것은 아니다. 마을의 다양한 구성원에게 요청하고 지원받아 수행한다. 다른 사람에게 의존한다고 하여 부끄러워하지 않는다. 마을 구성원은 종한을 거부대상으로 보지 않는다. 다른 방법으로 대해야 하는 고객이며 이웃이다.
　"어머니, 다음 주가 약속한 연구 기간 마지막입니다. 그동안 종한이와 함께 한 덕분에 의미 있는 연구결과를 얻었습니다. 감사합니다."
　"교수님, 다음 주에 오고 안 오시나요?"
　"예."

"교수님, 종한이는 이제 저의 손에서 벗어나 마을로 발걸음을 떼기 시작했습니다. 더 지도하지 않으면 종한이는 예전으로 돌아갈지도 모릅니다. 그리고 종한이 버스나 지하철을 타고 다른 곳도 가야 하지 않습니까? 이 마을에서만 살 수 없지요. 어떻게 더 안 되겠습니까?"

"어머니, 그동안 연구로 진행한 것이고 저도 하는 일이 있습니다."

"교수님은 왜 연구를 하시나요? 자신의 발전을 위해 하시나요? 아니면 우리 아이들을 위해서 하시나요?"

"......."

나는 어떠한 말도 할 수 없었다.

그리고 어머니는 계속해서 이야기하였다.

"처음 저와 만났을 때 교수님은 우리 아이들이 이 세상에 있는 아이들과 같은 존재라고 하셨죠. 사회가 가운데 중심으로 시설과 제도를 갖추었기 때문에 가장자리에 있는 우리 아이를 지원해 주기 위해 발달장애라는 명칭이 주어진 것이라고 하셨지요. 그러면 한순간의 연구로 마치는 것이 아니라 연구의 결과에 따라 우리 아이가 사회에서 지원을 받을 수 있도록 계속 지도를 해야 하지 않나요? 지금의 연구로만 지도를 중지하시는 것은 우리 아이를 위한 것이 아니라 교수님의 개인적인 욕심이 아닌가요?"

어머니의 눈가에 이슬이 맺히고 있었다.

"비용이 필요하다면 충분하지 않아도 어느 정도 댈 수 있습니다. 우리 아이가 시설로 가지 않고 함께 사회 속에서 살아갈 수 있도록 부탁드립니다."

그리고 어머니는 더 말을 잇지 못하였다.

"알겠습니다. 어머니, 방법을 찾아보겠습니다. 안녕히 계세요."

어머니의 모습에 가슴이 먹먹해 와 어떠한 말도 할 수 없었다. 마음을 추스르기 위해 인사하고 무거운 걸음으로 문을 나섰다.

그리고 어머니의 말을 되씹어 보았다. 사람들은 누구를 위해 무엇을 한다고 한다. 누구를 위해 무엇을 한다는 것이 진정성이 있는 말인가? 자신의 개인적인 이익을 위해 무엇을 하고 있는 것은 아닌가? 18년 동안 발달장애 학생을 교육하며 발달장애 학생을 위해 교육을 하였는가? 아니면 나의 개인적인 이득을 위해 교육에 종사하였는가? 대학에서 특수교육에 종사할 교사를 양성하며 특수교육 대상 학생을 위해 가르치는 교사가 되라고 나는 말할 수 있는가?

그날 밤 어머니의 모습이 떠 올라 잠을 이룰 수 없었다.

'세상은 누구의 것도 아니며 태어나는 모든 사람들이 죽을 때까지 누리고 가는 곳이다. 세상에 태어나는 생명은 존재하는 그 자체로 무궁한 가치를 가지고 있으며 그 가치는 어느 누구도 훼손할 권리를 가지고 있지 않다. 이 세상의 모든 생명은 존재의 무궁한 가치로 축복을 받아야 한다.

그러나 인간은 미약하고 불완전한 존재이기에 가벼운 판단으로 생명의 가치를 재단한다. 그리고 재단으로 분리된 모습을 보고 사람을 추앙하거나 멸시한다. 발달장애라는 재단으로 분리된 발달장애를 가진 아이들은 멸시대상인가? 추앙하거나 멸시하는 것이 인간의 본질인가?

그렇다면 종한에게 보여준 사람들의 협력적인 모습은 무엇인가? 종한에게 관심을 준 할머니. 도움을 준 경비원, 도서관까지 안내해준 학생, 아이스크림 가게 점원 등 이들은 멸시가 아닌 인간 그 자체로 지원하지 않았는가? 인간을 재단하지 않고 인간으로 존중하는 마음

또한 인간이 가지고 있는 본질이 아닐까? 추앙하거나 멸시하는 인간의 본질이 세상을 덮어도 인간으로 존중하는 본질 또한 사라지지 않을 것이다.

인간으로 존중하는 인간의 본질이 인간에 내재하여 있다면 인간 모두가 행복을 추구할 수 있는 길이 열리지 않을까? 인간의 부족함을 의존과 협력으로 채워 모두가 함께 행복한 삶을 누릴 수 있는 세상으로 향하는 길이 있을 것이다.'

꼬리에 꼬리를 무는 생각에 잠을 못 이루는 밤이 점점 깊어간다.

지금까지의 이야기는 몇년 전에 발달장애 학생의 스마트폰을 활용한 지역 사회활동 상황학습 효과 연구의 일부 활동 내용입니다. 이후 종한(가명)은 부모가 일부분 부담하고 다른 후원 기관이 지원하는 비용으로 계속하여 지도를 받았습니다. 종한을 관찰하였던 대학생이 지도 방법을 이어받아 지도하였고, 서울 시내를 누비고 다니면서 세상을 누릴 수 있게 되었습니다.

이 글을 쓰면서 종한 어머니께 종한의 근황을 물으니 학교를 졸업하고 직장을 반일제로 다니고 있다고 합니다.

종한 외에 연구대상으로 5명이 더 참여하였습니다. 연구 후, 후원 기관의 지원으로 7명이 더 지도를 받았습니다. 이후 후원 기관의 지원이 끊어져 개인의 비용으로 3명이 계속하여 지도를 받았으나 최근의 코로나 19로 인하여 지도를 중지하고 있습니다.

지도를 받은 발달장애를 가진 청소년 중 학교를 졸업한 청소년은 모두 직장생활을 영위하고 있습니다. 하루빨리 코로나 19 감염이 멈추고 다시 후원기관의 지원으로 발달장애를 가진 청소년들이 미소를 찾을 수 있는 기회가 오기를 기대하고 있습니다.

마라톤 타자기로 시작된
공직생활

박종훈

타자수, 정보 전문가가 되다
답답할 뿐입니다
계장님 감사합니다
우리 아빠 집에 안와요!!
두번째 새마을운동
다급히 걸려온 전화 한 통
희미해진 청사진 서류
새만금에도 스타벅스가?
4대강에 새 옷을 입히다
핑계를 찾을 것인가? 방법을 찾을 것인가?
갑자기 찾아온 은퇴

타자수, 정보 전문가가 되다

대학 3학년이 되어 군대 가려니 가능하면 편한 행정병으로 가고 싶었다. 공대생이면 대부분 공병으로 갈 것 같아 급하게 여름방학에 가정대에서 하는 타자강습을 신청하여 처음으로 마라톤 타자기를 만져보았다.

"먼저 종이를 끼우고, 잠근 다음, 오른쪽으로 쫙!!"

그리고 'ㄱ', 'ㅏ'....

절박함이 떨어졌는지 대충 자판 위치 정도만 익힌 상태에서 논산 훈련소로 향했다. 훈련을 마치면 공병은 후방기 교육을 받아야 되는데 12월 입소자는 후방기 교육이 없어서 주특기 없이 각 사단으로 배치되었다. 사단보충대에 도착해서 인적기록부 특기란에 '타자'라고 썼는데 곧바로 사단 인사처에서 보자고 한다. 인사처 한글타자병이 전역한지 오래되어 급하니 나를 한글타자병(902) 주특기를 부여했다고 내일부터 바로 근무하란다.

타자를 못 치는데... 큰일 났다.

근무 첫날, 바로 실력을 들켜버렸다. 난리가 났다. 타자도 못 치는 놈이 사기를 쳤다고 대위님은 사람 취급도 안 하신다. 선임하사님은 아직 이등병이라 그렇다고 가르치면 된다며 달래신다. 하지만 실무에는 투입할 수 없으니 근무시간에는 단기사병이 타자를 치게 하시고 나는 청소를 시키셨다.

내무반에서도 사기꾼이라고 소문이 나서 선임들은 사무실에 가도 할 일이 없을 테니 본부대 사역이 있으면 제일 먼저 나를 차출 시켜 버렸다. 하지만 밤이 되면 인사처 선임하사님은 2천여 쪽짜리 '육군규정' 책자를 주면서 다음날 아침까지 다 쳐놓으라고 하셨다.

다 못 쳐놓으면 못 쳤다고 혼내고....

못 칠 것 같다고 미리 말씀드리면 해 보지도 않고 못 친다고 한다고 군기가 빠졌다고 혼내고....

그때는 초병 근무 서랴 야간에 타자연습 하랴 하루에 잠을 2~3시간 밖에 못 잤다.

그러기를 6개월.

낮 시간에도 타자병으로서 근무를 할 수 있게 되면서 자연스럽게 밤에 하던 타자 연습을 멈추게 되었다. 덕분에 제대할 때쯤에는 4벌씩 타자 실력이 2급 정도는 되었던 것 같다.

대학 졸업 후 회사에 입사하여 근무할 때 일이다. 창가 쪽을 보니 컴퓨터가 한 대 있는데 아무도 사용하지 않는 것이다. 선배에게 물어보니 컴퓨터가 처음 보급되었는데 처음이라 사용할 수 있는 사람이 없다고 해서 허락을 받아 사용해 보기로 했다. 2벌식 자판이었지만 바로 적응할 수 있었다.

그 때는 회사에 모필사(毛筆士)가 있어 중요 문서는 마킹 팬으로 차트를 써서 보고하던 시절이었으니까 남자 사원이 타자를 친다고 하니 약간 신선한 충격이었던 것 같다.

하여간 구석에 있던 XT급 컴퓨터는 내 책상으로 옮겨졌고 모든 문서는 내가 작성하게 되면서 단순 서무 일에서 실질적인 일을 하게 되었다. 결재문서를 포함하여 상급기관에 보고하는 주요 문서는 나를 통하게 되면서 보다 빠르게 업무를 파악할 수 있게 되었다. 타자 한 장 치려고 여직원에게 부탁하던 남직원들이 조금은 쉽게 나에게 부탁하게 되면서 자기 일거리를 빼앗아 갔다고 여직원의 눈총을 받기도 하였다.

나는 그럴 생각이 없으며 단순히 조금 편하자는 것이니 오해하지 말라며 삐진 마음을 달래면서 4벌식 타자기와 2벌식 컴퓨터 자판의 차이점과 숫자 치는 방법 등을 설명해 주었다.

이것이 오히려 그 여직원과 더 친해지는 계기가 되어 2년간 나 혼자만의 썸(?)을 시작하였다. 그 이후 본격적으로 만나 1년여 간의 비밀 연애를 거쳐 평생 동반자인 지금의 아내가 되었다.

나 혼자 그녀와 썸을 타갈 때 농식품부에서 정보관련 업무에 인력이 필요하다는 요청이 왔다. 정보에 대해 아는 사람이 많이 없던 그 당시 그나마 컴퓨터를 다룰 수 있는 나에게 농식품부 파견근무를 다녀오라는 것이다.

그래서 '정보'의 '정'자도 모르는 나는 3개월 간의 농식품부 파견근무를 하게 되었다. 그렇게 정보에 대해 처음으로 접하게 되고 설상가상 농식품부에서 가장 무섭다는 공무원을 만나 혼나가면서 공부도 하게 되었다.

이때 농식품부에서 곧 토목직 경력직 사원을 뽑는다는 정보를 알게 되었다. 이것이 계기가 되어 내가 가지고 있는 토목기사 자격증과 농어촌공사에서 근무한 경력, 농식품부 파견 경력 등을 인정받아 정식으로 중앙부처 토목직 공무원이 되었다.

공무원이 되고 나서는 그 무서웠던 선배 공무원이 내 멘토가 되었고 토목직이 정보를 알아야 현장에서 써먹을 수 있다며 보다 더 엄하게 가르쳐 주었다. 그런데 가르치는 방식이 좀 독특해서 퇴근할 때쯤 업무를 지시한 후 내일 아침에 결과를 보자고 하셨기에 입사 후 2년 여 간은 거의 집에도 못가고 밤새가며 일을 했다.

이렇게 해서 배우고 익힌 경험이 국가지리정보시스템(NGIS)을 구축할 때 발휘되었다. 국토부는 전국을 1,270개, 환경부는 680개, 농식품부는 464개로 구분된 부처별 지리정보시스템(GIS)이 있는 상태에서 국가표준안을 만들려고 하니 부처 입장 차가 너무 커서 10개월간 팽팽히 대립하고 있었다.

농식품부 대표로 참석한 나는 그동안 배운 정보지식을 발휘하여 중재안으로 "각 부처의 구역설정이 다른 것은 설정 목적이 다른 것이므로 국가표준 구역 단위는 광역으로 설정하고 그 이하 세부구역은 부처별로 설정합시다." 라고 하였고 국토부와 환경부가 이를 받아들여 10개월 간의 갈등을 봉합시켰다. 그 결과 농식품부도 80%를 조정했지만 전국에 통일된 국가지리정보체계를 갖출 수 있었다. 또한 정보에 대한 나의 자신감은 예산이 필요하면 환경부, 국토부와 합동으로 재정경제부에 설명할 정도로 적극적인 행동이 자연스럽게 따라왔다.

배수 개선 업무를 할 때는 관할구역이 전국이었기에 한번 자료를 취합하려면 나 혼자 하기에는 시간이 너무 오래 걸려 특단의 조치가 필요했다.

지금은 누구나 잘 아는 엑셀이지만 그 당시 중앙부처 공무원들에게는 생소한 프로그램이었다. 하지만 엑셀 정도는 관련 책을 사서 독학을 하고 실무에 바로 활용하였다. 그 이후 밤샘할 일은 많이 없어졌으며 부내 정보경진대회에 나가 장관 표창도 받았다. 또한 전국 10등까지 해외여행을 보내주는 전국 경진대회에도 나갔지만 안타깝게도 15등을 해서 해외여행 특전을 받지는 못했다.

나에게 마라톤타자기는 군대 갈 때 편한 곳에 배치 받아 보자고 접하여 군대 행정병이 되었지만 잠도 못 자게 하고 고생만 시켰다. 직장에 들어가서는 남자 타자수로 변신시켰지만 타자기 앞에서 여자직원이 타자 못 친다고 가르쳐 준다는 핑계로 알콩달콩한 사랑을 꽃피우게 하여 현재 사랑하는 아내를 만나게 해주었다.

또한 마라톤 타자기는 공무원으로 만들어 주었을 뿐만 아니라 정보에 대한 두려움을 없애주었으며 다른 직원보다는 한발 앞서나가 새로운 일을 함으로써 신규 업무에 적합한 인재라는 인식을 심어준 소중한 존재이기도 하다.

답답할 뿐입니다

배수개선과 수해대책을 총괄할 때의 일이다. 하루에 접수되는 서류도 많았지만 자체적으로 처리할 업무도 많아 급한 것만 순서대로 처리해도 퇴근은 12시를 넘기니 당일 처리하지 못한 서류가 최소 15건 이상이 되는 날의 연속이었다.

'서류는 덮으면 완결이요, 펼치면 미결이지 뭐!' 하면서 씩씩하게 퇴근 하곤 하였다.

어느 월요일 아침 한 달에 한번 있는 월례조회가 있는 날이었다. 정신없이 바빠 죽겠는데 참석 안하면 연휴기간에 당직시킨다고 협박을 해서 부족한 잠이나 잘까하고 일단 참석했다. 과천청사 지하에 있는 대강당 뒤쪽 구석에 앉아 졸고 있는데 장관님 인사말씀이 시작되었다. 장관님은 앞에 몇 말씀을 하시고는 지난 주말에 전자 민원서 처리 결과를 점검해 봤는데 하도 기가 막힌 내용이 있어 소개한다고 하시면서 우리 부 직원 중에 민원인에게 답답하다고 회신한 직원이 있다고 하시며 어떻게 이럴 수 있냐며 분개하시는 것이다.

나도 순간 '어떻게 그럴 수 있지!' 하고 공감하였는데 사무실로 돌아오는 길에 갑자기 내가 금요일에 회신한 민원서 제목이 생각이 나는 것이다.

민원서 제목은 "답답할 뿐입니다. 에 대한 회신"

민원서 회신문 제목 결정방법이 민원서 제목을 적고 "○○에 대한 회신"이라고 하는 것이므로 저는 아무 생각 없이 이렇게 회신 제목을 적은 것인데 장관님이 이 제목을 보시고 '답답하다.'라고 보신 것 같았다. 민원인 입장에서도 자신에게 공무원이 '답답하다.'라고 한 것이라고 생각했을 수도 있었다.

나는 장관님이 지적하셨으니 혹시 총무과에서 이를 역추적할까봐 아무에게도 말 못하고 조마조마 하면서 그날을 보냈던 기억이 난다.

퇴직하고 나서 지금에서야 고백한다.

그때는 정말 징계 받는 줄 알고 식겁했다.

계장님 감사합니다

수해 담당을 할 때는 정말 사건 사고도 많았다. 어느 해인가 중부지방으로 태풍이 상륙하여 임진강이 넘치고 ○○군을 중심으로 막대한 피해가 발생하였던 해가 있었다.

'주간○○'에 민원성 기사가 나왔는데 ○○군 수해복구에 타 시군 건설업체는 참여 안 시키고 ○○군내 업체만 참여시킨다는 고발성 기사가 방송에 공개되면서 민원서가 함께 접수되어 장관님께 특별보고를 드리게 되었다.

보고서와 함께 민원 회신 전자문서 중 결제참고에 민원인 개인 성향을 요약하여 보고했는데 결재되고 발송문에는 결제참고는 제외되도록 되어 있었다. 그런데 그 당시 전자결재시스템이 매우 불안정하여 민원인 성향을 요약한 결재참고까지 민원인에게 바로 발송이 되어 버렸고 민원인이 민원서를 받아보고 당초 민원서를 제출할 때보다 더 화가 난 생태로 전화해서 알게 되었다.

  이것은 "답답할 뿐입니다" 때와는 차원이 다른 정말 해결방법이 없겠다 싶었다. 이제는 죽었다 싶었다. 결국 담당 계장님이 모든 책임을 당신이 지겠다고 하면서 ○○군으로 민원인을 직접 찾아가 2박 3일 동안 달래셨다. 물론 처음에는 계장님을 만나 주지도 않았지만 지속적인 설득에 민원인도 감동했는지 결국은 함께 막걸리를 먹고 감정을 풀었다. 만약 그때 계장님이 안 계셨다면 어떻게 되었을까?

  "계장님 감사합니다."

우리 아빠 집에 안와요!!

수해가 발생하면 사무실에서 12시 넘어서 퇴근하고 아침 6시 뉴스를 들으며 출근하였다. 집이 용인(왕복 90km)이다 보니 출퇴근시간이 1시간 50분으로 집에 머무는 시간이 4시간 정도였다.

하루는 큰 딸이 다니는 유치원 선생님에게서 연락이 왔다. '아빠를 그리는 시간'이었는데 큰 딸아이가 도화지 전체를 빨강 색으로 칠해 놓고 아빠라고 했다는 것이었다.

선생님께서는 놀라서 '이 그림 속에 아빠는 어디 계시니?' 하고 물으니 '아빠요? 이불 덥고 자요!' 하더란다. 그래서 선생님께서 '○○야, 주무시는 아빠 말고 아빠 얼굴을 그려줄 수 있을까?' 했더니 한참을 생각하더니 스케치북 위에 안경을 하나 덩그러니 그려놓고는 '선생님! 아빠 얼굴이 생각나지 않아요. 집에 가서 사진을 보고 와서 내일 그리면 안 될까요?' 하더란다.

아이의 유치원 선생님께서는 빨강 색이 불만을 표시하는 색이라 걱정되신다면서 혹시 집에 무슨 일이 있냐면서 전화를 하셨단다. 그러면서 아이가 아빠 얼굴을 모른다고 하는데 아이와 아빠와의 관계에 무슨 문제는 없는지 조심스럽게 물으셨다.

큰 아이 입장에서는 아빠 얼굴을 보는 것이 주말뿐인데 주말에도 보통 출근을 했고 가끔 쉬는 주말이면 잠자는 모습만 봤을 테니....

그럼에도 잘 커 주어 너무 고맙다.

두번째
새마을운동

　새로 생긴 정주권개발과에 근무할 때 일이다. 신생 과였기에 관련 서류는 참고철 몇 권이 전부였다. 처음에는 과장님과 계장님만 바쁘셨고 공문서를 하나 작성하려면 참고할 기존 서류가 없어 조금 불편했지만 당장 부여된 업무가 없어 한가해서 좋았다.
　조금 지나 본격적으로 업무를 수행하려 하니 대학에서 토목을 전공한 나로서는 적응하기 어려웠다. 저수지, 양수장 설치의 구조 설계를 하는 것도 아니고 "농촌에 살고 있는 농민들을 어떻게 하면 잘 살수 있게 할 수 있을까?"를 고민해야 하는 것이다.

우리나라 60-80년대는 너무 못살았다.

형편없이 못살아 나라에서는

"새벽종이 울렸네.~"

"새아침이 밝았네.~"

"우리 모두 일어나 새마을을 가꾸세.~"

하면서 내 집 앞을 쓸고 닦기를 시작하였다. 나라 전체가 못 살았기 때문에 농촌지역의 생활 인프라를 끌어 올리는 것이 가장 시급하였다. 그래서 가장 먼저 농촌에 시멘트를 무상으로 나누어 주고 비포장도로였던 마을 진입도로를 포장하도록 하였다. 이렇게 1990년대 초반까지 농촌의 주거환경을 개선하는 사업을 추진하여 어느 정도 성과가 있었다.

문제는 국민들의 정서 깊은 곳에 도시는 더운 물이 나오는 수도 사용이 당연하고 농촌은 찬 우물물을 사용해도 조금은 불편하지만 농촌스럽고 낭만적이니 괜찮다고 생각한다는 것이다.

그래서 정주권개발과를 만들고 제일 먼저 추진한 것이 농촌에 대한 국민들의 의식을 바꾸는 것이었다. 사실 농촌은 잘 키워서 도시로 보낸 우리의 부모님들이 살고 계신 곳으로 그 동안은 먹고 살기 어려워 못해 드렸지만 이제는 농촌에 사시는 부모님이 생활하는데 불편함이 없도록 자식들이 무엇을 할 수 있는지를 고민해보자는 것이었다.

불편한 주방을 입식으로 변경하는 등 주택개량과 상·하수도, 가로등 설치, 마을회관 등을 마을단위로 지원하면서 문화마을조성사업 등 농촌 중심지 개발과 농외소득 증대사업도 시작하였다. 또한 농촌의 자연환경 가치를 재조명하여 지친 도시민들이 안식할 수 있는 곳이라는 것을 느끼게 하자고 농촌관광마을을 조성하였다. 이전과 또 다른 것은 마을 단위로 발전계획을 수립하여 지자체에 요청하면 계획을 검토하여 정부가 지원하는 형태로 변경한 것이다.

현재는 농촌지역 개발의 마지막 단계로 지금까지 농촌지역의 생활 인프라의 평균 수준을 끌어 올렸으니 모든 마을의 지원방식이 같을 필요는 없었다. 이제는 마을주민이 스스로 정비 방향과 목표를 정하면 현재와 GAP(간격)을 정부가 지원하는 방식으로 변경하고 있다. 그렇게 마을마다 특색 있는 마을이 되면 농촌이 지금보다 경쟁력이 있는 곳으로 탈바꿈할 수 있을 것이다.

「새마을운동」은 낙후된 전국의 농촌을 평균 수준으로 높이고자 박정희 대통령이 시작한 사업이고
「정주생활권개발」은 농식품부 특히 토목직이 주축이 되어 개발 이념을 만들어 문화마을 조성사업, 농촌지역 종합개발사업 등으로 발전시켰으며 특색 있는 마을 만들기까지 발전시켰다.

그동안 농촌을 단순히 쌀 생산기지로 보지 않고 그 곳에 농민이 살고 있으며 농민의 삶을 풍요롭게 하는 방법이 무엇인가를 고민하고 현장에서 구현시켜 왔다. 그 결과가 오늘날의 우리 농촌이 되지 않았나 하는 자부심을 갖게 된다.

처음으로 정주권개발과에 들어설 때의 어색하고 설레던 순간이 생각난다.

다급히 걸려온
전화 한 통

충남 태안 안면도 쪽으로 가려면 서산과 태안을 연결하는 방조제를 지나간다. 중간에 '새조개'가 유명한 간월도가 있고 정주영 회장이 유조선을 가라앉혀 막았다는 서산AB지구 방조제가 있다. 방조제 내측에는 '간월호'와 '부남호'라는 인공호수와 방조제를 막아 드러난 드넓은 토지가 있다.

이는 60년대에 경제성장을 추진하던 박정희 대통령이 우선 식량자급자족을 위해 전쟁 없는 국토 확장과 농지확대를 위해 중동지역에서 철수하는 중장비를 활용하여 민간간척사업을 실시하였는데 그 중에서 서산AB지구는 현대건설이 추진하였다.

간척사업이란 썰물 때 드러나는 갯벌에 방조제를 막아 토지와 인공호수를 만드는 것이다. 그런데 정부는 민간간척사업의 공사기간(매립면허기간)을 당초 허가기간의 2배까지로 제한을 두었다.

내가 업무를 담당할 당시에는 서산AB지구의 면허기한이 6개월 정도가 남아 있었지만 그때까지도 공사를 완료하지 못한 생태였다.

현대건설은 농지가 아닌 타 용도로 변경하여 준공해 줄 것을 계속해서 요구하고 있었으나 농식품부는 당초에 받은 매립면허대로 조속히 준공할 것을 촉구하고 있었다.

그 때가 정주영 회장이 국민당을 창당하여 활동 중으로 혹시 정경유착이나 하지 않을까 하고 내일신문의 정치부기자가 서산AB지구에 대한 농식품부 추진상황을 일주일 단위로 체크하고 있었다.

그 당시 현대건설은 지금까지 투자한 금액이 얼마인데 정부가 설마 실허(失許)시키겠냐며 타목적으로 변경한 부분준공 허가를 낙관하기도 하였으나 정부 입장이 계속 강경하게 흘러가자 이러다가 진짜 실허되는 것이 아닌가 하고 초조해하기 시작하였다.

면허기한 4개월 전쯤 서산AB지구 현장소장으로부터 전화가 왔다. "언제쯤 준공방식이 결정되느냐면서 지금이라도 농지로 만들라고 하면 만들어 낼 때니 빨리 결정만 내달라"고 하는 것이다.

그래서 내가 "진짜 지금이라도 결정만 내려 주면 농지를 만들 수 있느냐"고 물으니 "그렇다"고 답이 왔다. 그래서 "알겠다"고 말하고 바로 계장님에게 보고했더니 국장님께 보고 드리고 곧바로 차관님과 장관님께 보고 드렸다.

장관님께 "현대건설이 서산AB지구를 농지로 준공하겠다."고 보고 드리니 장관님이 그러면 그렇게 하라고 하셨다.

장관님 지시를 받아 나오면서 차관님이 계장님에게 현대건설의 누구 얘기입니까? 하더란다. 계장님은 "현대건설 이사가 그랬습니다."라고 했다고 한다.

그리고 사무실에 내려와서 나에게 누구 얘기냐고 해서 서산 현장 소장 얘기라고 하니 깜짝 놀라셨으나 이미 결정되었으니 매립면허대로 시행하라는 공문을 현대건설에 통보하라는 것이다.

그동안 현대건설은 부분 준공을 기대하다가 당초대로 만들라는 공문을 받고 보니 낙담도 했지만 실허 당할 수는 없고 농식품부 결정이 내려진 상태이기 때문에 농지를 만드는 방향으로 공사를 강행할 수 밖에 없었다.

우여곡절 끝에 공사가 재개되었는데 현대건설은 정말 우리나라 최고의 건설사임을 입증해 주었다. 간척지내 도로, 농지 평탄작업과 용수로·교량 등 구조물 공사를 해야 하는데 구조물은 외부에서 제작해서 현장 조립하였고, 평탄작업은 3개월 선금을 주고 전국의 불도져를 집결시켜 3개월 밤낮으로 작업하여 결국은 공사를 마무리 해냈다.

이로 인해 그해 타 지역의 경지정리사업은 대부분 지연되었으며 전국의 토목 공사에 막대한 영향을 끼쳤다고 한다.

어쨌든 이것으로 인해 서산 AB지구는 농지로서 매립 목적대로 준공할 수 있었다. 현장의 목소리를 가감없이 바로 전하여 정책을 결정함으로써 농식품부는 외부의 압력에도 굳건히 지켜내는 부처임을 보여주었다.

사실 단순히 현대건설의 현장소장 말을 믿고 이렇게 결론 내린 것 같아 보이지만 실무적으로 공사 마무리에 필요한 잔여기간 검토와 부분 준공에 따른 문제점, 타당성을 면밀히 검토한 결과였다.

오해 없기를….

희미해진
청사진 서류

김포매립지도 서산AB지구와 마찬가지로 동아건설이 추진한 민간간척사업이다. 김포매립지에서 주요 쟁점은 농업용수를 한강에서 공급받도록 되어 있었는데 용수로 구간 중 일부 터널구간 공사비를 농식품부가 확보하지 못해 공사가 중단되어 농업용수 공급이 안 된다는 것이다.

동아건설은 농식품부가 농업용수를 공급해 주지 않아 농지로 쓸 수 없기 때문에 이 땅을 도시용지로 개발할 수 밖에 없다고 주장하고 있었다.

나는 김포매립지 업무를 담당하면서 동아건설이 주장하는 대로 용수공급 책임이 농식품부에 있다는 것이 사실인지 확인이 필요했다. 이것이 사실이라면 조속히 용수확보계획을 수립해야 했기 때문이었다.

그래서 김포매립지를 담당하셨던 선배님들을 찾아다니며 과거 김포매립지 용수개발 관련 역사를 청문하였는데 대외적으로 용수 공급 주체에 대한 명확한 내용을 찾을 수가 없었다.

그 다음 내가 할 수 있는 일은 무작정 문서 창고를 뒤지는 일이었다. 문서 창고를 뒤지기 시작한지 일주일쯤 지났을 때 김포매립지 관련 참고 철에서 청사진을 떠놓은 어떤 자료를 찾아냈다

청사진 자료 특성상 너무 오래되면 빛이 바래서 잘 보이지 않지만 그 내용은 민간간척사업 추진계획 관련 대통령 재가문서였다. 예전에는 차트로 대통령께 보고하면 원본은 청와대에서 보관하고 해당 부처는 청사진으로 복사하여 보관하는데 아마도 원본이 아니어서 참고철에 보관하고 있었던 것 같다.

찾아낸 문서는 총리까지 결재한 문서와 대통령 재가 문서이다. 두 문서의 차이점은 농업용수 공급의 책임자가 총리까지 결재한 문서에는 '농식품부 장관' 이었는데 대통령 재가 문서에는 '농업용수 사용자'로 박정희 대통령이 직접 변경하신 후 결재되어 있었다. 그 의미는 김포매립지의 경우 농업용수 공급의 책임자는 농식품부장관이 아닌 농업용수 사용자인 동아건설이 된다는 것이다.

청사진 서류를 복원하여 국장님께 보고하였고 원본은 청와대에서 찾아 확인하였다. 따라서 김포 매립지는 동아건설 책임 하에 터널 공사비를 확보하고 용수공급 계획을 수립하여 농업 용수를 공급해야 했다. 농업용수가 공급되어야 한다면 결국 본 토지는 도시 용지가 아니라 농지라는 결론이 났다. 이것을 보면 아마도 박정희 대통령은 당시 정부가 돈이 없어 민간기업의 도움을 받아 농지확대사업을 시행하지만 민간 기업에게 국토를 넘길 생각은 없었던 것 같다. 그 이후

더 이상 동아건설이 농식품부에 용수공급 책임을 요구하지 못하다가 결국 동아건설이 부도가 났다.

한참이 지난 후 친구 모임을 가서 이 이야기를 했는데 친구 하나가 나를 보더니 '너 때문에 우리 회사가 은행 담보를 못 받아 부도가 나서 망했다!' 라고 해서 깜짝 놀라 생각해 보니 그 친구가 동아건설에 다녔다는 사실이 생각이 났다.

"친구야, 미안해!"

새만금에도 스타벅스가?

새만금 사업은 군산~부안을 연결하는 방조제 33㎞를 축조하고 간척 토지 28천ha와 담수호 12천ha를 조성하여 동북아 경제중심지로 개발하는 사업이다.

새만금 명칭의 유래는 구역이 동진강과 만경강이 합류하는 지역으로 만경강 주변에 만경(萬頃)평야가 있고 동진강 주변에 김제(金堤)평야가 있어 이를 합쳐 '만금(萬金)평야'라고 불렸는데 간척사업으로 인해 '새롭게(New) 萬金평야가 조성된다'는 뜻으로 [새만금]이라고 작명하였다.

처음에 방조제 위치는 지금보다 훨씬 안쪽이었다. 그런데 그 당시 국장이 새만금 현장을 시찰하고 더 밖으로 최대로 뺄 수 있는 방안을 검토하자고 해서 현재의 노선이 되었다고 한다.

새만금은 서울시 면적의 2/3, 가용토지로는 서울시 대지+도로면적(28천ha), 여의도(297ha) 140배이며 계화간척지(3,986ha) 10배, 전주시(20,640ha) 2배, 국제규격 축구장 5만개 크기이다. 그래서 방조제 위에서 보면 어느 쪽이 바다인지 모를 정도이다.

어느 날, 뜬금없이 새만금업무를 담당하라는 것이다. 사실 새만금은 지금까지 한 직원이 12년을 담당하던 업무였다. 누가 그 자리에 가도 그 직원보다 잘할 수는 없었다. 아무리 열심히 해도 비교만 당할 것이 뻔했다.

그래서 딱 잘라 말했다.

"그동안 계속하신 선배님보다 잘할 수 없을 텐데 왜 내가 담당해서 바보가 됩니까? 저는 못 합니다."

라고 하였지만 아무 소용이 없었다. 이미 정해져 있었다. 담당직원의 업무 과중으로 인해 교체가 결정이 난 것 같다. 안 가본 길을 좋아하던 나는 마음을 바꿔 새만금 업무를 시작하게 되었다. 그 선배에게 비교당하지 않기 위해 죽기 살기로…

행운인지 불행인지 담당한 지 6개월쯤 지났을 때, 새만금에 대한 이명박 대통령 당선자의 관심으로「대통령직 인수위원회」에 새만금 특위가 생기는 바람에 토목직으로서는 최초로 파견되어 인수위원의 역할을 하면서 목에 힘도 줘봤다.

이후 총리실 등에 파견되어 새만금위원회의 많은 민간 전문가 분들과 함께 새만금 내부토지이용 계획을 새롭게 수립하는 등 새만금 내부개발 최고 전문가로 인정받는 계기가 되었다. 즉, 전임 새만금 직원은 새만금 방조제공사 전문가였다면 나는 내부토지개발 전문가가 된 것이다.

농식품부에서 추진하는 간척사업들은 대부분「간척농지개발」이라고 하는데 새만금에서는 '농지개발'이라는 문구가 없이「새만금간척종합개발사업」이라고 명명하였다.

이 사업을 추진한 선배들도 너무 넓어 고민이 많았다고 한다. 28천ha에 달하는 농지에 농업용수를 어떻게 공급할 것인가를 고민하다 물 관리 자동화(Tele-Metering/Tele-Control) 도입과 용수로는 관수로를 검토하였고 방조제 주요 축조에 방대한 양의 흙이 필요하므로 갯벌 준설토를 사용하는 방식을 도입하였다.

또한, 내부 토지이용계획을 보면, 새만금에는 다른 지역과 다르게 비행장 활주로가 길다. 고장 난 비행기를 수리하고 시험 비행하다가 문제가 생기면 비상착륙을 해야 하므로 활주로가 2배 필요한데 새만금지역 이외에는 알맞은 지역이 없다고 생각했다. 앞으로 아시아 지역의 항공 정비의 허브를 새만금지역으로 만들겠다는 의도가 있었.

새만금을 우리나라 동서 경제축의 종점부로 개발하고자 했다. 대부분의 원자재는 부산 울산으로 들어오고 구미에 1차 가공 공장이 있다. 그러므로 새만금에서 2차 가공과 포장공장을 만들어 놓고 고속도로를 통해 빠르게 새만금으로 가져와서 새만금항을 통해 중국으로 수출할 수 있다면 경제성이 높은 동서 경제축이 완성되므로 새만금 고속도로가 필요하다는 것이 새만금종합개발계획의 구상이었다.

보다 쉽게 새만금을 활용할 수 있는 방법이 또 있다. 새만금 방조제 내측에는 아직 바닷물이 드나들고 있지만 방조제 도로 옆에는 폭 60-70m에 길이 33km의 빈 터가 있다. 이곳을 고속 질주가 가능하도록 아스팔트로 포장해서 젊은이들에게 개방하는 것이다. 또 방조제 내측에 몰디브 해변과 같이 개인 별장지로 만들어 분양한다면 고급 해양 레포츠의 메카로 탈바꿈할 것이다.

  이렇게 되면 전주한옥마을, 군산, 신시도, 방조제 무한 질주 광장, 13천ha에 달하는 담수 호수, 나만의 수변 별장 등이 연계되는 전통과 자연, 젊음이 있는 매력적인 새만금이 될 것이다.

  이렇게 젊은이들이 자연스럽게 찾는 곳이 된다면 토지가치도 높아지고 투자자들도 당연히 몰려올 것이다. 그렇게 된다면 스타벅스도 들어오는 새만금이 되지 않을까?

4대강에
새 옷을 입히다

    총리실에서 새만금 업무를 마치고 농식품부에 복귀할 때이다. 이젠 좀 쉬려나 했다. 이명박 정부가 초반에 대운하 사업이 추진되지 않고「4대강사업」으로 전환되면서 농식품부에게는「저수지 둑 높이기 사업」과 「농경지 리모델링 사업」추진을 요청하고 있었다.

    그 때 내가 농식품부로 복귀하니 바로 4대강새만금과에 4대강 담당사무관으로 발령을 내버린 것이다. 전국에 둑 높이기 저수지 113개소와 농경지 리모델링 140개소를 동시에 조사 설계하여 착공시켜 준공시키는 업무를 3년 안에 완료해야 하는 일이었기에 그날 이후로 3년간 주말은 없었던 것 같다.

농업용저수지의 평균공사기간이 10년인데 4대강사업인 둑높이기 사업의 공사기간이 3~5년으로 내가 농식품부에 입사한 이래 이렇게 집중 투자하여 단기간에 공사를 추진한 적은 없었다. 몸은 고되고 힘들었지만 정말 신명나게 일했다.

그런데 4대강사업의 본래 취지는 우리가 알고 있는 것과 조금 다른 점이 있다. 우리나라의 하천은 태백산맥에서 출발하여 낙동강을 제외하고는 대부분 서쪽으로 흐르는데 강줄기가 처음에는 급경사로 흘러내리다가 중간 평야지대를 통과하면서 완만해지면 토사가 바닥에 쌓이게 된다.

이렇게 오랜 세월이 지나게 되면 하천 바닥이 높아지게 되는데 하류로 가면 하천 바닥보다 하천 바깥이 낮아지는 지역이 발생하는 '천정천'이 된다. '천정천'이 되면 홍수 시 평야면 배수가 되지 않아 침수 피해가 발생하게 된다. 낙동강이 그 대표적 하천이다.

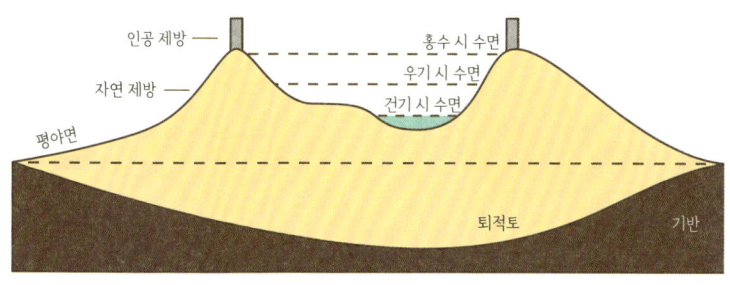

<천정천>

근본 치수 대책인 하천바닥 준설은 준설할 모래가 너무 많고 설치된 교량의 바닥 기초가 허공에 떠버려 보강하는데 막대한 공사비를 필요로 하였다. 그래서 미봉책으로 제방을 높이는 방식을 택하였으나 이명박 대통령이 막대한 예산이 수반되더라도 이 대역사(大役事)를 추진하게 된 것이다.

이것이「4대강사업」의 진정한 목적 중의 하나로 앞으로 몇 백 년이 지나도 다시 하기 어려울 것 같다. 물론 4대강에 설치된 보와 관련해서 논란이 있는 것은 알지만 나는 치수적 측면에서 잊으면 안 될 중요한 점이 있다는 것을 말하는 것이다.

이 내용을 지난 가을 누나 결혼 때문에 고국을 방문한 조카에게 설명한 적이 있는데 조카가 하는 말이 외국에서는 대한민국의「4대강 사업」이 매우 잘못된 사업으로만 알려져 있었다고 했다.

그러면서 무엇이든 이렇게 커다란 정책이 결정되고 추진되었을 때에는 분명히 그만한 이유가 있었을 텐데 그동안 왜 부정적인 보도만 일방적으로 나오는지 모르겠다고 이번 고국 방문을 통해 다양한 견해를 알게 되었다고 매우 뜻깊어했다.

핑계를 찾을 것인가?
방법을 찾을 것인가?

　입사 이후 32년 동안 정주생활권개발부터 4대강 사업까지 수많은 정책 수립과 국가 차원의 대규모사업을 집행해 보았다. 신생 정주권개발과에 가서 아무 것도 없는 백지 상태에서 농촌 정주생활권 개발이 무엇인지를 처음으로 그려낼 때에는 토목직이 해낼 수 있을까 하며 비아냥 대는 주변인들도 많았다.

　따가운 눈총을 잘 알기에 하나하나 정책을 만들고 결정할 때마다 엄청난 시간과 정열을 쏟아 부었던 것으로 기억한다. 그러했기에 나름대로는 공직생활 중 가장 중요한 순간을 보낸 기간이라고 할 수 있다. 신입사원이었던 나에게는 더욱더 그랬다. 아무나 할 수 없는 매우 소중한 경험이었기에 그 이후로는 어떤 업무가 부여되더라도 해낼 수 있다는 자신감이 생겨 두려움보다는 오히려 즐기는 편이 되었다.

이렇게 직장에서의 첫 번째 업무로 무엇을 맡게 되는가는 매우 중요한 것 같다. 개인적으로는 가능하다면 첫 직장 첫 임무는 조금은 힘든 일부터 시작하는 것도 좋겠다. 아무도 가지 않았던 길을 가려면 우선 두려운 것이 사실이지만 한 번 가본 후에 괜찮았다면 다시 가는 것에 주저하지 않을 것이고 만약 별로였다면 다시 안 가는 이유를 명확히 설명할 수 있으니 두렵지만 경험해 보는 것을 나는 추천한다.

이때쯤부터 나의 좌우명이 '경험'으로 바뀌었다. 사랑하는 나의 둘째 딸에게 처음 먹는 음식을 먹일 때에 자주 하던 말이 생각난다.

'경험'과 '경험'이 쌓이면 '쌍 경험',
'쌍 경험'과 '쌍 경험'이 쌓이면 '자신감'

퇴직 후에 새만금을 바라보면서 지금도 아쉬운 것은 방조제 내측에 드러났어야 할 토지가 아직도 바다 속에 있다는 것이다. 환경시민단체 등과 오랜 소송을 통해 방조제는 유지하는 것으로 결정됐다면 토지를 가능한 빨리 땅을 드러나게 해야 한다.

하지만 방조제 준공 후 아직까지 농지 외 지역 땅은 잘 보이질 않는다. 지금이라도 농식품부가 일괄적으로 토지를 조성하게하고 국가와 미래 세대가 필요로 할 때 양도·양수했으면 하는 것이다. 그것이 국가 차원은 물론 전북도와 관계부처 나아가서는 미래 세대까지도 원하는 바가 아닐까 생각한다.

부산에 있는 정부 문서 기록보관소에 가보면 농식품부 칸이 있다. 토목직들이 만든 문서들이 대부분인데 그중에는 내가 작성한 계획 확정도서와 준공도서 등 영구 보관문서도 다수가 있다.

하지만 현직에 있을 때 잘못된 일로 인해 잘못될까봐 하는 불안한 마음은 없다. 그동안 해온 일이 완벽했다기보다는 보고서를 만들 때 나름대로 투명하게 보고서에 남겼기 때문일 것이다. 부족한 검토 내용도 포함해서 그 당시 할 수 있는 방법을 총동원해서 검토했노라고 모두 보여주고 확정하였다. 부족한 부분은 후에 채워달라고 하기도 했다.

또 한 가지는 계획수립과 공사 집행을 분리하였기 때문이다. 집행의 실무적인 전문성은 농어촌공사에 일임하여 권한과 책임을 분산하였기에 모든 책임이 공직자에 돌아오는 것을 막을 수 있어 지금은 편하게 생활할 수 있다.

공직생활 중 가장 힘들었던 시기를 말하라면 입사해서 7-10년에 수해대책과 배수개선 업무를 혼자서 담당할 때이다. 다음은 퇴직하기 4-5년 전이다.

입사해서 7-10년에는 하루에 2-3시간 자면서 근무하다 어지럼증으로 병원에 입원도 하던 너무 힘들어 하던 때이다. 그런데 아이러니하게도 그 때 전국 배수개선 대상지를 일제조사하고 이를 정리해서 석사학위를 받았고 엑셀 책을 독학하여 장관 표창을 받은 때도 이때이다. 동료들과 술도 이 시기에 가장 많이 먹었다.

퇴직하기 4-5년 전에는 전국적으로 가뭄이 발생하여 가뭄대책 상황실을 밤낮으로 운영하면서 가뭄종합대책을 마련하기 위해 동분서주했다. 농식품부에서는 내가 그 때 만들어 대통령님께 보고하였던 가뭄종합대책을 5년이 지난 지금까지도 이행상황을 점검하면서 발전시키고 있다.

그런데 그 때 박사학위를 준비하여 3년 후 박사학위를 취득하였다. 그 당시의 가뭄종합대책은 국가 통합 물 관리 대책의 농식품부 기초자료가 되어 현재 내가 여러 곳에서 자문하고 있기도 하다.

수해, 가뭄 등 재해대책 상황실 업무는 시간과의 싸움으로 퇴근도 없고 주말도 없이 근무해야 하는 악조건의 업무이다. 이런 상황 속에서 나는 오히려 보다 많은 성과를 냈고 자기 계발에도 소홀하지 않았다. 이럴 때 가끔 스스로가 기특하게 느껴진다.

공직생활을 하다 보면 상사로부터 부당한 지시를 받게 될 때가 종종 있다. 이럴 때 대학교 4학년 전공 마지막 시간에 은사님께서 내어주신 숙제를 생각한다.

> "졸업 후 어느 회사에 취직해서 기둥이 4개인 물탱크를 설계하고 있는데 사장이 공사비가 많이 들어가니 기둥 하나를 빼라고 한다. 물론 3개 기둥으로도 설치될 수는 있지만 붕괴 위험은 높아진다면 제군들은 어떻게 할 것인가?"

질문만 던지시고 종강하셨다.

내가 공직생활을 하면서 무언가 중요한 결정을 해야 할 순간이 되면 이 화두를 생각하면서 최선의 정답이 무엇인가를 찾기 위해 노력했다.

또 한 가지 부당한 지시를 받았을 때 거부를 하든 수용하든 그때의 상황에 가장 합리적인 방식으로 결정했겠지만 내 의견을 상사에게 전달할 때 내가 어떤 마음 자세를 갖느냐 하는 것도 매우 중요하다고 생각된다. 이럴 때 마다 내가 갖는 속마음을 어느 방송에서 나온 대사 중에 한 부분을 인용해서 전한다.

"사람이란,
할 수 없다고 생각하는 순간 핑계거리를 생각하고
할 수 있다고 생각하는 순간 방법을 생각한다."

상사는 내가 핑계거리를 말하는지 방법을 말하는지 내가 하는 말을 들으면 쉽게 판단할 수 있다. 몇 번 더 지시해 보고 그 사람의 성향을 인식해 버리며 한번 입력된 인식은 잘 바뀌지 않는다.

매번 타당한 지시만을 받을 수 없기에 부당한 지시를 받더라도 내 답변이 핑계거리가 아니고 방법을 찾고 있구나 하고 느낄 수만 있다면 가장 좋은데…

직장에서 처세를 잘한다는 사람들을 보면 기본적으로 이 방법을 터득한 사람들인 것 같다.

갑자기 찾아온 은퇴

2020년 1월 33년간의 공직생활을 마치고 명예 퇴직하였다. 일반적으로 정년 2년 전에 명예퇴직을 하지만 그보다 1년 앞당긴 퇴직이었다.

농식품부 토목직은 인사 정체가 심해서 조직의 활력이 떨어진다는 말을 많이 듣고 있던 터라 토목직 조직 활성화를 위해 나의 퇴직 시기와 재취업 방향을 당초 계획보다 1년여 앞당겨 결정하게 되었다. 이로 인해 후배들로부터 고맙다는 말과 현직에 있을 때부터 알았지만 통 큰 선배라는 칭송(?)을 듣기도 하였다.

하지만 퇴직 후 1달 정도 쉬고 바로 재취업했기 때문에 퇴직했다는 느낌은 별로 없었다. 다만 청사가 아닌 오피스 건물로 출근하고 나 혼자 쓰는 별도 방이 있고 책상 앞에 내 이름의 명패가 있으며 조금 늦어진 출근시간, 당겨진 퇴근시간이 내가 퇴직했음을 느끼게 할 뿐이었다.

퇴직하기 바로 전에 총괄했던「통합 물 관리대책」이 현재 한창 정책 방향을 설정 중인데, 내가 2015년에 수립한 가뭄종합대책이 현「통합 물 관리대책」의 기초자료가 되었기에 농식품부 정책의 일관성 유지를 위해서 인지 퇴직한 나에게 자문을 요청해온다.

퇴직한 나에게 왜 자문을 요청하는지에 대해 물으니 '1년 앞당겨 퇴직해 준 것도 고맙지만 확실한 정책방향을 자문을 해줄 것 같다.'라고 하였다. 아마도 공직생활 하는 동안 '내가 꼰대 짓만 하진 않았구나!' 하는 생각도 들면서 솔직히 흐뭇하였다.

이후 자문 요청 내용이 크던 작던 하나하나가 고맙고 소중하여 성심 성의껏 답변해 주고 있다.

지금까지 공직생활을 되돌아보면 가지 않았던 길을 동료들보다 한 발 먼저 애정을 가지고 꾸준히 실천해서 여기까지 왔다. 일에 있어서는 공직자로서 사명감을 가지고 가능한 주도적으로 이끌려고 했었다.

하지만 은퇴한 이제부터는 중간자 입장에서 후배들을 보좌한다는 마음으로 편하게 살아가고 싶다. 사랑하는 아내 정아와 딸들과 함께 …

대학시절…

우연히 마주했던 마라톤 타자기가 나의 인생 중반기에 많은 변화를 주었다면 나의 인생 후반기에는 과연 무엇이 그것을 대신할지 매우 궁금해진다.

명리에세이
음양오행은 일상이다

유 기 훈

'밝은 이치'를 공부하는 학문, 明理
음양에 대한 생각
음양
음양오행
뜨거움의 온도
만물은 음양과 오행을 품고 있다
걷다 보면 뛰게 된다
'자존감'이 바탕이 되지 않은 '자존심'
명리는 과학이다
'운명'을 공부하는 학문
점학 vs 명학

태어나면서 갖게 되는 것
나는 나다울 때 가장 행복할 수 있다
누구나 어떤 순간 불안을 느낀다
잡초가 아니다
잘못 알고 있는 것도 오타다
궁합
오행은 일상이다
오행
재미로 보는 오행과 비자금
재미로 보는 오행과 약속

역사가 시작된 이래 지금까지도 개인뿐만 아니라 단체나 국가 차원에서도 미래를 알고 싶은 욕망은 동양이나 서양이나 계속 지속하여 왔다. 서양에서는 서양에 적합한 방법론으로 동양에서는 동양에 적합한 방법론으로 끊임없이 발전해 왔다.

동양에서의 미래를 예측하는 방법은 크게 자연의 변화를 일정한 법칙에 근거하여 논리적인 과정을 통하여 예측하는 '명학(命學)'과 일정한 법칙이나 논리적 근거 없이 개인의 직관이나 영적 능력 혹은 초자연적인 힘에 의존하여 점을 치는 '점학(占學)'으로 나눌 수 있다.

점학(占學)은 개인의 직관이나 영적 능력 등에 의존하여 답을 구하기 때문에 그때그때의 상황이나 시기에 따라 또는 누가 언제 점을 치는지에 따라 결과가 달리 나올 확률이 높다. 그렇지만 명학(命學)에 해당하는 사주명리학은 누구나 배우고 익히면 언제나 같은 결과를 낼 수 있다는 점에서 과학적인 미래 예견법이라 할 수 있다.

명리학은 문명이 발달할수록 필요한 학문이다. 명리학을 비롯하여 여타 미래를 내다보는 학문이 성행하는 시기는 대체로 사회적으로 살아내기가 힘든 시기에 성행한다고 한다.

음양오행의 역사를 살펴보면 대표적으로 어수선하고 힘든 시기라 할 수 있는 '춘추전국시대'에 가장 많은 이론이 정립되고 발전되어 온 것을 알 수 있다. 최근 재야에서뿐 아니라 학계에서도 빠른 속도로 명리학을 포함한 인문학이 성행하는 것을 보면 지금 시대도 참으로 살아내기가 힘든 시기인가보다.

사실 문명이 발달할수록 사회가 복잡해질수록 우리네 삶은 답을 찾기가 점점 힘들어질 것이다. 그래서인지 지식인층이나 고위층일수록 더욱 미래에 의존해 살고 있다고 해도 과언이 아니다.

이럴 때 어렵게만 느껴지는 명리학을 일상생활에서 쉽게 '인생의 네비게이션'으로 활용할 수는 없을까.......

'밝은 이치'를 공부하는 학문
明理

明理는 '밝은 이치'를 공부하는 학문이다.

이 세상의 모든 밝은 이치, 도교, 기독교, 불교, 힌두교, 이슬람교, 성리학 등 상관이 없다.

이 세상 밝은 이치의 학문은 모두 명리(明理)다.

밝은 이치를 공부하는 학문은 종교와 사상을 초월한다.

밝은 이치에는 인간의 운명도 포함되어 있다.

인간의 운명에 반드시 밝은 이치가 포함된 것은 아니다.

밝은 자리에 해당하는 명(明)에서 마음이 일어나면 명심(明心) 즉, 밝은 마음이다.

불교에서는 불성, 기독교에서는 성령이 임하는 자리라고 보면 좋을 것이다.

사람 깊은 내면의 무한한 가능성의 자리가 밝을 명(明)이다.

> 밝은 이치 ⊃ 운명
> 밝은 이치 ⊄ 운명

마음에는 밝은 마음과 어두운 마음이 있다.

밝은 마음에서는 밝은 기(氣)가 어두운 마음에서는 어두운 기(氣)가 생기고 이렇게 생겨난 기(氣)에서 운(運)이 만들어 진다. 그 운(運)에서 명(命)이 정해지면 운명이 결정되는 것이다. 그 운명(運命)으로 행(幸)이 결정된다. 즉, 행복과 불행이 결정된다.

행복과 불행이 결정되면 얼굴에 나타나게 된다.

그래서 얼굴은 '마음의 창'이라고도 하는 것이다.

"얼"

다시 말하면 밝은 마음에서 밝은 기가 생겨나고 밝은 운이 밝은 명을 만든다. 반대로 어두운 운과 마음에서 어두운 기가 나오고 어두운 운과 명이 결정된다.

이렇게 정해진 명은 내가 싫다고 해서 거부할 수가 없다.

明理는 이 세상 모든 밝은 이치다.

밝은 이치를 공부하는 明理는 종교와 사상을 초월한다.

음양에 대한 생각

밝은 명리에서 추구하는 도(道)는 "이치(理致)"다.
그렇다면 하늘의 도리(道理)는 무엇일까.
하늘의 이치는 무엇일까.
때가 되면 비가 오고 바람이 불고 눈이 온다.
아무리 오지 말라고 빌어 봐도 봄이 오고, 여름이 오고,
그 뒤에 가을이 오고, 겨울이 온다.
단 한 번이라도 가을보다 먼저 겨울이 오지 않는다.
때가 되면 그냥 오고 그냥 간다.
이것이 하늘의 도(道)가 아닐까 한다.
이처럼 하늘의 이치는 밤과 낮이다.
밤과 낮은 시간을 뜻한다.
그렇다면 땅의 도리를 생각해 보자.
땅은 콩을 심으면 콩을 주고 팥을 심으면 팥을 준다.
이것이 땅의 이치다. 즉, 공간을 의미한다.

이처럼 천지(天地)는 시간과 공간을 뜻하고 시간과 공간을 음양(陰陽)이라고 이름 붙여 놓은 것이다.

음양을 이분법적으로 상대론적 논리로 생각하지 말자.
하나로 통일된 단일화로 생각하자.
음과 양을 자석으로 생각해 보면 S극과 N극을 생각해 보자.

자석의 양쪽은 S극과 N극으로 나누어져 있고
S극을 쪼개면 S극과 N극으로 나누어지고
N극을 쪼게도 N극과 S극으로 나누어진다.
S극에서 N극이 나오고
N극에서 S극이 나온다.

영원히 변하지 않는 음과 양은 존재하지 않는다.
조건 따라 양이 음으로 변하고 음이 양으로 변하는 것이다.

음양

봄은 양이고 가을은 음이다.
여름은 양이고 겨울은 음이다.
낮은 양이고 밤은 음이다.
소년은 양이고 노인은 음이다.
수컷은 양이고 암컷은 음이다.
등은 양이고 배는 음이다.
손등은 양이고 손바닥은 음이다.
엄지손가락은 양이고 새끼손가락은 음이다.
문은 양이고 문틀은 음이다.
모니터는 양이고 하드는 음이다.
초침은 양이고 시침은 음이다.
택시는 양이고 고속버스는 음이다.
시작은 양이고 끝은 음이다.
시간은 양이고 공간은 음이다.
기쁨은 양이고 슬픔은 음이다.
웃음은 양이고 눈물은 음이다.
교만은 양이고 겸양은 음이다.
여유는 양이고 공포는 음이다.
지혜는 양이고 우치는 음이다.
희망은 양이고 절망은 음이다.

음양오행

    동양인은 대부분 자라면서 알게 모르게 동양사상의 핵심인 음양오행에 대해 배운다.

    세상에는 음과 양이 있고 그 음양의 변화로 인해 낮과 밤이 생긴다는 사실은 공기처럼 자연스럽게 사람들의 사고 과정에 스며든다.

    그래서인지 사람들은 음양과 오행에 대해 이해할 기회가 생기면 이미 배웠던 것을 다시 배우는 것처럼 넓고 깊게 받아들인다.

    음양오행을 알면 삶이 덜 힘들다.

    길흉을 감당할 수 있는 여유가 생긴다. 내가 살아가는 환경에 어떤 일이 일어날지 예측할 수 있고 상대의 심리를 읽을 수 있어 인간관계를 원만하게 맺는 데 도움을 얻는다.

뜨거움의 온도

99% 양(陽)은 태양이고, 1%의 음(陰)은 소음이다.
그래서 태양과 소음은 짝이다.
이것이 태극이다.
소음이 점점 커져 태음이 되고,
소양이 점점 커져 태양이 되는 이치이다.
반대편에 있는 태음은 점점 줄어들면서 소음이 되는 것이다.
시대 따라 끊임없이 변한다.

사람도 마찬가지이다.
한사람이 10대부터 70대, 80대까지 같을 수 있을까?
뜨거움을 선호하는 사람이라도 그 뜨거움의 온도는 모두 다르다.
20대, 30대 청년기에는 혈기 왕성하겠지만
나이가 들면서 뜨거움의 온도도 점점 달라진다.

> 만물은
> 음양과 오행을 품고 있다.

모든 오행의 기운들은 오행의 기운을 가지고 있다.

물(水)은 음양이면서 오행이다.

물은 음과 양으로도 볼 수도 있다.

모여 있는 것을 음으로, 흘러가는 것을 양으로,

얼음은 음으로, 물은 양으로 볼 수 있다.

물도 오행의 성질도 모두 가지고 있다.

물은 水의 기운이면서 土, 木, 火, 金의 기운을 모두 가지고 있다.

지면을 넓게 펴지는 것은 토의 기운이고,

흘러가는 것은 목의 기운

얼음으로 변하는 것은 금의 기운

얼음이 물로 변하는 것은 화의 기운이다.

현상적 작용으로 보면 목, 화, 토, 금, 수의 기운을 모두 간직하고 있다.

모든 만물은 음양과 오행을 품고 있다.

걷다 보면 뛰게 된다

대체로 명리는 공부는 어렵다고 한다.

10분을 상담하기 위해 큰 노력을 해야 한다.

아기가 처음 한발을 떼기가 어려운 것처럼 명리상담도 마찬가지이다.

첫 한마디를 여는 것이 중요하다.

하지만

걷다 보면 뛰게 된다.

연습은 본인의 몫이다.

속도를 내는 것은 중요하지 않다.

정확성이 중요하다.

상담자들은 각자의 생각과 느낌, 배경 지식 등 각자의 삶이 모두 다르므로 같은 말을 들어도 이해도는 모두 다르다.

질문을 통해 한쪽으로 치우쳐지지 않았는지 제대로 방향을 잡았는지 확인해 볼 필요가 있다.

같은 사과나무를 심더라도 전라도, 경상도, 충청도 사과는 맛과 향이 다른 것처럼 바라보는 방법과 해석을 다양하게 해야 한다.

그렇다고 해도 큰 틀은 변하지 않는다.

사과는 사과다.

'자존감'이 바탕이 되지 않은 '자존심'

우리는 종종 자존심을 내세운다.

자존심은 시시때때로 바뀐다.

오만원권 지폐가 주먹을 쥐어 구겨진다고 발에 밟힌다고 돈의 가치가 떨어지는 것은 아니다.

자존감은 변하지 않는다.

자존심이 수시로 변할 뿐이다.

나의 삶에 따라 상황에 따라 바뀐다.

내가 '갑'일 때와 내가 '을'일 때가 다르다.

그러므로 자존감이 바탕이 되지 않은 자존심은 바람 앞에 촛불밖에 되지 않는다.

목적이나 목표가 없다면 무엇을 해야 할지 모르기 때문에 방황하게 된다.

그 방황으로 인해 자존감도 낮아지게 된다.

명리는 과학이다

「과학」의 사전적 의미는 '보편적인 진리나 법칙의 발견을 목적으로 하는 체계적인 지식'을 말한다.

넓은 뜻으로는 학문을 이루고 좁은 뜻으로는 자연 과학을 이른다. 또는 실험과 같이 검증된 방법으로 얻어 낸 자연계에 대한 체계적인 지식체계를 뜻한다.

서양의 과학은 물리적 화학적 수학적으로 설명되고 증명되어야 한다. 이 세 가지 학문이 보편타당하게 상대를 이해시키고 설명이 될 때 과학이라고 한다. 물리적 화학적 수학적으로 설명이 되지 않는다면 미신이라고 보는 것이 일반적이다.

그런데 서양의 관점에서 木生火, 火生土, 土生金, 金生水, 水生木 등의 개념을 이해 할 수 있을까?

'금은 물을 생한다.(金生水)'

'불은 토를 생한다.(火生土)'

라고 하는 논리를 쉽게 이해하기는 어려울 것이라는 생각이 든다.

따라서 명리도 상식적으로 설명하고 입증 할 수 있는 개념이나 이론이 중요하고 필요하다는 생각이다.

'운명'을 공부하는 학문

命理는 '운명'을 공부하는 학문이다.

요즘 반려동물들이 늘어나면서 애견 등의 사주를 봐준다는 곳도 생겨나지만 인간의 명에 한정한다.

命理가 발달한 이유 중 하나는 과거 중국의 외교와 비즈니스를 위해서이다. 전쟁을 좋아하던 왕으로 인해 장기나 바둑이 발달했던 것처럼 말이다.

중국은 통일 이후 300년 이상 제대로 된 역사가 없다.

따라서 수많은 중국의 왕들이 무엇을 좋아하는지 무엇을 원하는지를 알아야 미인계를 쓸 것인지, 선물을 준비할 것인지, 토지를 바칠지를 결정하고 전쟁을 하지 않고 외교를 하는 데 도움이 됐을 것이다.

그래서 만들어진 것이 명리이고 풍수다.

풍은 바람, 수는 물과 지리는 땅이다.

바람과 물이 잔잔하게 있는 곳 이것이 풍수이다.

풍수 또한 외교를 위해 발달한 것이다.

풍수든 명리든 사람을 그리고 사람들의 성향을 알기 위해서 발달한 학문이다.

예전의 왕들 또한 자신의 신하 또는 자기의 사람으로 만들기 위해서 그 사람의 성향을 알기 위한 정당성을 위해 정치적으로 명리를 이용했다.

점학 vs 명학

음양(태극)과 오행은 별개다.

한나라 때 합쳐진 것으로 추정된다. 그 이후 음양오행이라고 불리게 된 것이다. 음양은 '점학'으로 발달했고 오행은 '명학'으로 발달했다.

주역이 점학의 꽃이라 할 수 있다.

> ㉠ 1 + 1 = 2
> ㉡ 1 + 1 = @

학문에는 기억력을 바탕으로 하는 학문과 이해력을 바탕으로 하는 학문이 있다. ㉠이 맞는다고 답을 한다면 융통성이 부족하고 고지식하지만 아이큐가 높은 사람이다. 툴이 있는 조직에서 자기의 능력을 발휘한다. 스스로 알아서 하라고 하면 최대의 능력을 발휘하지 못한다. 이러란 성향은 주역이나 타로와 같은 점학을 공부하면 빛을 발할 확률이 높다.

한편 ⓛ이 맞는다고 답하는 사람이라면 명리학과 더 잘 맞는다. ⓛ은 '1'이 무엇을 말하는 지가 중요하다. 물 한 방울에 물 한 방울을 더하면 그대로 물 한 방울이다. 단지 무게와 부피가 증가할 뿐이다.

사람은 태어나면서부터 가지게 되는 것이 있다.

그것은 '생년·월·일·시'이다. 즉, 사주팔자이다.

> 사과 1개 + 배 1개 = ?
>
> 火 에너지 1 + 水 에너지 1 = ?

태어나면서 갖게 되는 것

　타고난 생·년·월·시에 따라 주어지는 사주팔자에 따라 개인의 독특한 성정이 형성되고 모든 인간은 자신의 음양오행이 형성된 방식에 따라 사고하고 행동하게 된다.
　태어나면서 갖게 되는 사주팔자는 내가 살아가는 환경에 어떤 일이 일어날지 예측할 수 있고 상대의 심리를 읽을 수 있어 인간관계를 원만하게 맺어 가는데 도움을 얻는다.

> 나는 나다울 때
> 가장 행복할 수 있다

매년, 매월, 매일, 매시간 달라지는 운에서 어떤 오행을 만나느냐에 따라 심리가 변한다.

그 시간 사이의 변화를 읽는 학문이 명리학이다.

오행을 우리 주변에서 흔히 보는 사물로 직접 치환하면 자칫 오행에 대한 이해가 부족할 수 있다.

명리학에서 말하는 '木火土金水'는 木이라고 부르는 나무, 火라고 부르는 불 등이 가지는 특성을 인간의 성정을 파악하는 데 활용하기 위함이지 자연에 존재하는 실제의 나무나 불에 한정해 사용하는 용어가 아니기 때문이다.

예를 들어 木 성향의 사람은 각자 다른 상념을 갖게 한다. 그럼에도 나무라는 물상이 가진 개념은 있다. 이 개념을 이해해야 사주팔자(四柱八字) 여덟 글자에 나타나는 木을 설명할 수 있다.

어떤 이가 木이라면 늘 미래에 대한 희망에 부풀어 사는 사람이다. 그러면서도 측은지심이 있고 金을 두려워한다. 그러나 土는 두려워하지 않는다. 火를 만나면 꽃을 피울 생각을 하고 水를 만나면 미래를 준비하는 기회로 삼는다.

호기심이 강하고 생각과 동시에 행동으로 생각을 옮기는 경우가 많다. 만약 사주에 나타난 木이 가늘게 키만 클 나무인지 전지가위가 가까이 있어 내면과 외면이 고루 성숙하게 자랄 동량 목인지, 꽃만 피면되는 나무인지, 열매가 중요한 나무인지 알게 되면 그 사람의 그릇 크기와 적성을 알 수 있다.

사주 안에 오행이 고르게 있어야 성격이 원만한 사람이 된다. 한두 오행으로 치우친다면 사고도 획일화 된다. '모 아니면 도'하는 식의 치우친 사고방식은 사주 내 오행이 편중되어 있으므로 나타난다.

선천적으로 자신과 타인을 이해하는 능력이 뒤떨어지는 사람이라면 오행 공부는 세상을 이해하는 좋은 수단이 될 것이다.

내가 木일 때 상대방도 木이라면 비슷한 성격이 있으리라는 가정이 성립된다. 이 경우 처음 만났을 때 지기(知己)를 만난 듯 쉽게 하나가 되기도 하지만 시간이 흐르면서 서로 경쟁 구도가 형성되기도 한다.

햇빛과 물을 더 많이 받고 더 많은 땅을 장악하기 위한 경쟁이다.

내가 강하면 상대방을 대하는 마음이 편하고 반대로 약하면 상대가 불편하게 느껴질 것이다.

단순히 이기고 지는 것을 넘어서서 상생을 목표로 삼으면 상대의 마음을 짐작하고 배려할 줄 알게 될 것이다.

공자의 '인'과 부처님의 '자비', 예수님의 '사랑'이 오행의 '상생'에서 비롯된 개념이 아닐까 한다.

　오행 공부가 명리학 공부의 시작과 끝이다.

　오행은 양날의 칼이다.

　공격 무기와 갑옷이 될 수 있다. 누구 손에 있느냐에 따라 무기가 될 수도 있고 자신을 보호하는 갑옷이 될 수도 있다.

　때에 따라 무기가 필요한 순간도 있고 갑옷이 필요한 순간도 있을 것이다.

　진리가 나를 자유롭게 하듯 오행이 나를 자유롭게 한다.

믿음(土)을 바탕으로 지혜(水)가
지혜(水)를 바탕으로 인자함(木)이
인자함(木)을 바탕으로 의로움(金)이
의로움(金)을 바탕으로 예(火)가
예(火)를 바탕으로 믿음(土)이 성숙해 진다

누구나 어떤 순간 불안을 느낀다

불안한 이유를 알지 못할 때 정신은 병이 든다.

전 세계적으로 정신과 치료나 심리 상담을 받는 사람이 많아지고 있다는 보고가 있다. 심리학자마다 인간의 심리를 완벽하게 분석할 방법을 마련하고자 애쓰지만 쉽지 않다. 더구나 현대인들은 타고난 성정대로 개성을 살려 살기보다는 무의식적으로 다른 사람을 닮아가고자 한다.

현대인들은 특별히 튀고 싶어 하지 않는다. MBTI 검사나 여타 성격유형 테스트에서 중간 성향을 보이는 대답이 점점 많아지고 있는 이유다.

개인의 독특한 성정은 타고난 사주팔자에 따라 형성된다.

모든 인간은 자신의 음양오행이 형성된 방식에 따라 사고하고 행동한다. 즉 모든 오행은 자신이 타고난 오행대로 살아갈 때 가장 자신다운 삶을 살 수 있음에도 다른 사람들과 비슷해지려 애쓰다 보니 자신의 정체성에 대해 불안을 느끼게 된다.

잡초가 아니다

고추밭에 콩이 하나 있다면
콩밭에 고추가 하나 있다면
농부의 눈에는 그 하나가 잡초로 보인다.
하지만 고추밭의 콩은 잡초는 아니다.
다수 속에 소수가 있다고
소수가 쓸모없다고 여기는 것은
전체적인 효율성에 방해되기 때문에 만들어진 생각이다.
하지만 잡초는 아니다.
고추밭에 콩 하나가 있을 뿐이다.
콩밭에 고추 하나가 있을 뿐이다.

나와 다르다고 해서 틀린 것은 아니다.
명리는 나와 다름을 인정하는 가장 좋은 도구 중 하나이다.

잘못 알고 있는 것도 오타다

잘못 알고 있는 것도 오타다. 공부하면서 오타를 찾아내야 한다.
예를 들어보자.

임 씨 성에는 수풀임(林)을 쓰는 성과 맡길 임(任)을 쓰는 성씨 두 종류가 있다. 수풀 林을 넣어야 할 자리에 맡길 '任'을 넣었다면 눈으로 찾을 수 있다. 또, 몸 己 대신 기운 氣를 넣은 것처럼 눈으로 보이는 것은 IQ적인 오타다.

눈으로 보이는 것은 찾을 수가 있으나 고수일수록 EQ적으로 오타를 넣는다. 찾아내기도 어렵고 이것은 사고력에서 오류가 일어난다. 모순이다.

태양은 동쪽에서 뜬다. 이것은 EQ적 오타이다. 물리적으로 본다면 태양은 동쪽에서 뜨는 것이 아니다. 태양은 그 자리에 가만히 있고 지구가 태양주위를 자전과 공전을 하는 것이다.

우리는 지구에서 태양을 바라보기에 태양이 동쪽에서 떠서 서쪽으로 지는 것으로 보일 뿐이다.

물리적, 화학적, 수학적으로 설명되고 이해가 되어야 과학이다.
이러한 것들이 사고력을 망가뜨린다.
명리는 물리, 화학, 수학 외에 천문과 지리 속에 답이 있다.
알면 쉽고 모르면 어렵다.

궁합

과거 명리 이론과 현재 명리 이론이 달리하는 것 중 하나가 궁합이다.

과거에는 딸을 출가시킬 때 시부모와의 궁합이 첫 번째였다.

신랑이 아니다.

결혼 후 행과 불행을 좌지우지하는 것은 시부모였기 때문이다.

다음은 남편의 수명이다.

재혼할 수 없는 시대였기에 남편의 수명을 살피고 마지막으로 자식을 낳을 때 아들이 있는지 없는지를 봤다.

과거 궁합은 재력은 보지 않았다. 거의 중매결혼이었고 가문과 가문의 결합이기에 재력은 기본이기 때문이다.

과거에는 첩이 있는지 없는지도 중요하지 않았다.

양반에게 첩은 기본이었기 때문이다.

지금은 첩을 둔다는 것은 큰일 날 소리다.

현재의 궁합에서는 제일 먼저 재력을 본다.

후에 배우자와 불화는 언제 생기고 서로 간 이해력이 좋은지 떨어지는지를 살핀다.

인간도 자연의 일부이기 때문에 봄, 여름, 가을, 겨울 중 자기의 리듬이 깨지는 때가 있다.

오행은 일상이다

음양오행은 대한민국 국민이면 나면서부터 배우게 되어 있다.

색동옷, 비빔밥, 오곡밥, 윷놀이, 사물놀이, 서울의 사대문과 보신각 등 오행이 모두 들어 있다.

어떤 것이라도 그 안에 음양오행이 함께 존재한다.

그중에서도 비빔밥은 청색에 호박, 적색에 당근, 황색에 노른자 지단, 백색에 도라지나물, 흑색에 쇠고기와 고사리나물이 알록달록 조화로운 색감을 나타낸다. 우리나라 음식을 보면 한 가지 재료나 한 가지 맛으로만 이루어져 있지 않다.

질서 없이 뒤섞여 있는 듯 보이지만 음식마다 조화를 이루고 있다.

예를 들면 김치는 식물성 식품인 배추와 동물성 식품인 젓갈이 잘 어우러져 음양의 조화로 만들어진 최고의 발효식품이다.

계절과 음식 또한 그렇다.

봄에는 활기를 주는 푸른색의 새콤한 봄나물을 여름에는 쓴 약재가 들어간 삼계탕과 같은 보양식으로 몸보신을 한다.

가을에는 매운 음식을 먹어 열기를 더해 따뜻한 기운을 불어넣고 겨울에는 수분보충을 위해 짠 음식을 많이 먹는 것도 음식의 맛과 더불어 계절의 조화도 중요시한 것으로 어느 쪽으로도 치우치지 않는 오행의 조화를 중요시한 것이다.

오행

오곡은 파종 시기와 열매 맺는 시기, 성장환경에 따라 오행을 나눈다.

파종 시기와 열매 맺는 시기가 봄이면 木

여름이면 火

가을이면 金

겨울이면 水

사계에 걸쳐 생기면 土

나무에 달린 것은 木

밭에서 자란 것은 火

땅속 에서 자란 것은 土

물에서 자란 것은 水로 분류한다.

오곡 : 쌀, 보리, 콩, 조, 기장

오과 : 복숭아, 자두, 살구, 밤, 대추

오축 : 소, 양, 돼지, 개, 닭

오음 : 궁, 상, 각, 치, 우

오관 : 눈, 혀, 입 코, 귀

오각 : 시각, 촉각, 미각, 후각, 청각

오액 : 눈물, 땀, 침, 콧물, 가래

재미로 보는
오행과 비자금

木火土金水 오행은 각자의 특성이 특이 있다. 그 오행 특성에 따라 사람들도 각자 다른 성격유형을 가지고 있다.

여기에서 오행 특성에 따른 비자금 숨기는 법도 생각해 볼 수 있다.

木은 책 속에 현금을 직접 숨기거나 통장을 만들어 통장을 책 속에 보관한다. 중요한 것은 통장 정리는 하지 않는다.

예를 들어 통장 잔액이 13,000원 있다고 이것이 전부라고 생각하면 안 된다. 통장 정리를 해보면 잔액은 천만 원이 넘을 수도 있다.

木은 계획적이다. 들키더라도 안 쓰는 통장이라고 말하며 빠져나갈 구실을 만들어 놓는다. 그래서 통장 정리를 안 하는 것이다.

木은 집 현관 신발장 쪽에도 잘 숨겨놓는다. 들어오면서 숨기고 나가면서 찾기 쉽기 때문이다.

火는 들고 다닌다. 언제든 현금화 할 수 있는 금으로 목걸이나 팔찌, 반지 등 액세서리로 하고 다닌다. 만약 팔찌 하나를 현금화했다면 모조 팔찌로 대신한다.

土는 철 지난 옷 주머니나 장롱 안쪽에 넣어 놓는다.

金은 자기가 가장 익숙한 장소에 숨긴다. 집안 대청소를 하자고 하면 자기가 비자금 숨겨놓은 곳은 자기가 청소한다고 할 것이다.

대청소 후 주머니를 보면 찾을 수 있다. 옛날 엄마들이었다면 장판 밑이나 장롱 밑을 찾아봐도 좋을 것이다.

水는 집안에서 가장 복잡하고 사람이 자주 왕래하는 곳에 숨겨놓는다. 주방이 집안에서 가장 복잡한 곳이면서 집안사람들이 자주 드나드는 곳이다. 현금을 잘 안 쓰는 냄비에 넣어 놓거나 싱크대 가장 안쪽에 넣어 놓는다. 본인이 숨겨놓고 못 찾는 경우도 종종 있다.

또는 땅에 묻어 놓기도 한다.

재미로 보는 오행과 약속

오행 중 약속을 잘 지키는 엄마의 순서를 알아보자.

사주 여덟 글자 모두를 살펴야겠지만 단순히 오행의 속성으로만 생각한다면 약속을 제일 잘 지키는 오행은 金이다.

金은 무조건 지킨다.

한번 약속을 하면 최선을 다해 지킨다.

그래서 함부로 약속도 하지 않는다.

두 번째는 水

지금 당장은 힘들더라도 여건이 되면 지킨다. 생각하고 있다가 언제라도 상황이 될 때 지킨다.

세 번째는 土

土는 경제적 여건이 되면 지킨다. 경제적인 여건이 되면 지키고 그렇지 않으면 슬쩍 넘어간다.

네 번째는 木

木은 지키려는 마음은 있다. 하지만 이것저것 일을 벌이느라 정신이 없어 지키지 못한다.

마지막은 火다.

火는 공약만 남발하다가 옆에 있는 사람이 지키면 나도 지킨다. 아이가 "옆집 엄마는 해줬다는데"라고 하면 그때 해 준다.